OHSAMA BUNKO

心の中の「つぶやき」で人生が決まる

岩﨑由純

三笠書房

はじめに――その小さな「つぶやきが」、やがて現実になっていく

誰もが心の中でいろいろなことをつぶやいています。

「やった！」「あれもやらなきゃ」「しまった……」「すごい！」

今日もあらゆる出来事に対して何かしらの感情を抱き、小さな声に出したり、心の中で言葉を発したりしているでしょう。

では、この「つぶやき」を、ちょっと変えてみると、何が起こるでしょうか。

答えは――びっくりするくらい自分が変わります！

何かうまくいかなかったとき、それを活《い》かして成長できる人と、その失敗にとらわれてしまう人がいます。

その違いは、心の中の「つぶやき」の差にあるのです。

成長できる人は、

「挑戦できてよかった」

「次は別の方法を試してみよう」

など、ポジティブな言葉、未来志向の言葉をつぶやきます。

一方、失敗に目が行っている人は、

「こんなことができないなんて……」

「またうまくいかないのでは……」

など、ネガティブな言葉、過去にとらわれた言葉がつい出てきます。

単純なようですが、ここが大違いのポイント。それは脳の「潜在意識《せんざいいしき》」に直結しているからです。プラスのイメージを持ち、肯定的な言葉が頭に浮かんでいると、それが潜在意識に刷り込まれ、**行動が変わり、現実にもいい影響**を与えます。

反対に、マイナスのイメージを頭の中でわざわざ言葉にしていると、それが現実になってしまうのです。


この言葉の力を最大限に使うのが**「ペップトーク」**です。

「ペップトーク」は、アメリカで行なわれているスポーツの試合前などに活用される「短くわかりやすく、相手の心に響き、自信や勇気を持たせ、ヤル気を引き出す究極のショートスピーチ」のこと。「ペップ」のＰＥＰとは英語で、元気・活気・活力という意味があります。


私はこれまで30年余りにわたりアスレティック・トレーナーとして、スポーツの現場で多くの選手のサポートをしてきました。監督や選手がヤル気を奮《ふる》い立たせるような、熱く、強い言葉を発している姿を目《ま》の当たりにしたものです。

あなたもトップアスリートが大事な試合の前に、何かをつぶやいているシーンを見たことがあるでしょう。これが「セルフ・ペップトーク」です。

自分への励ましの言葉で恐《おそ》れや迷いを取り払い、本来の自分の力を発揮していくのです。

心の中で何かをつぶやいたら、ちょっとそれに注意を向けてみませんか？

自信がつく、ヤル気があふれてくる、なりたい自分に……そこから何かが変わり始めることでしょう。

岩﨑由純

目次

1章　たった一言で気分が変わる「つぶやき」

2章 ピカピカの自分になる「つぶやき」

3章

“新たな一歩”につながる「つぶやき」

4章

「これがやりたかった！」が実現する「つぶやき」

5章

「つぶやき」の力はどんどん広がっていく

編集協力――髙木弘介
本文イラストレーション――平松慶

1章

たった一言で気分が変わる「つぶやき」

「言われたらうれしい言葉」を自分に言ってみる

「今日はキレイだね」

と相手を褒《ほ》めたつもりだったのに、

「じゃあ、いつもはキレイじゃないってこと?」

という反応が返ってきたことはありませんか?

親しい間柄《あいだがら》であれば、「うっかり」や「失言」で許されるかもしれません。しかし、そうでもない間柄では、もしかしたら口には出さなくても不満に思っているかもしれません。

（今日『は』キレイだな）と思っても、そう言わずに、

「今日『も』キレイだね」

のたった1文字違って言うだけで、相手に与える印象は大きく異なります。

1日の終わりに自分に声をかけるなら

これは、自分に対してでもまったく同じです。

人を励《はげ》ますのが上手な人に共通するのは、

「相手が今、どういう心境にあるのか？」

「どういう言葉をかけてほしいと思っているのか？」

を常に考えているという点です。

常に相手がどう感じ、どう思っているか、相手の心理状態を感じ取る意識を持って接しているのです。それは、「気持ちに寄り添った」、「共感のコミュニケーション」といえるでしょう。

知らず知らずのうちに、自分が言われてイヤだと感じたことを平気で自分に言ってしまったり、自分のヤル気をそいでしまったりしていないでしょうか。自分にかける言葉は、自分の心と直結しています。

たとえば、忙しかった1日の終わりに、「今日もがんばった」とつぶやくのか、「私なんか全然ダメだ」とつぶやくのかで、自分へのイメージはまったく異なります。

いま、自分が言われたらうれしい言葉は何ですか。

自分の気持ちに寄り添って、自分に対しても言われてうれしい言葉、「共感のコミュニケーション」を心がけてみてください。

つぶやきのヒント

「私は今日もよくやっている！」

「私はさらに魅力《みりょく》的になっている」

イメージするなら「細かく」「リアルに」

のちにビーチバレーに転向して、世界でも活躍した浦田聖子《さとこ》選手が、高校卒業後、まず実業団・バレーボールチームのＮＥＣレッドロケッツに入団してきたときのことです。

当時の彼女はサーブに苦手意識を持っていたようです。しかし、彼女の実業団公式戦デビューは、なんと大事な場面でのピンチサーバー。この１本で逆転できるか、負けが決まるかという場面でした。

アスレティック・トレーナーというチームスタッフの一員として同じベンチにい

た私も、監督のこの大胆な起用《きよう》には驚きました。

しかし、もっと驚いたのは、高校を卒業して間もない、実業団経験もまだ少ない彼女が、選手も監督も観客も息をのむような緊迫《きんぱく》した状況で、初のサーブを見事に決めたことです。

サーブに苦手意識を持っていた彼女をなぜあの場面で起用したのか、監督の気持ちは計り知れませんが、彼女の強い心臓を信頼し、将来性を考えてあえてプレッシャーのかかる場面を選んだのだと思います。

「ここで決めたらこの試合、お前がヒーローだ」

監督はそう言って彼女を送り出しました。

試合後、サービスエースを決めたときの気持ちを彼女に聞いてみました。「緊張した」という言葉が返ってきそうなものですが、彼女の口から出たのは、「だって監督が言うとおり、ここで決めたらこの試合、私がヒーローですから！」という言葉。サーブを決めて、みんなから祝福されているイメージしかなかったと語ってくれました。不安も緊張も、ましてや失敗するイメージなど微塵《みじん》もなかったのです。

多くのメンタルトレーニングの研究家や脳科学者、心理学者がさまざまな側面から研究した結果、ある同じことを述べています。

それは「思考は現実化する」「イメージしたことが現実として起こる」ということ。つまり、「失敗をイメージすれば失敗が現実化」し、「成功をイメージすれば成功が現実化する」というのです。

ある男子バレーボール選手が、人気《ひとけ》のない体育館のバレーコートで、横一列に並べたパイプ椅子《いす》に飛び込むようにダイビングレシーブの練習をしていました。ダイビングレシーブは、フライングレシーブとも呼ばれ、ボールに向かって飛びつき、まるで空を飛ぶような姿勢から床に滑《すべ》り込むレシーブです。着地のときの体勢が悪いと、アゴやお腹を強打してしまい、ケガをすることもあります。

「どうしてこの練習だけを繰《く》り返しているのだろう」と思って尋ねると、「試合でこのあたりにボールが飛んだときに、どうやったらベンチにいる監督やスタッフにぶつからずにボールが拾えるか」

とシミュレーションをしていたのです。

そして、この選手は、

「成功するイメージをつかんでおくと、とっさのときに迷わず身体が動くし、第一、カッコいいじゃないですか、試合でそんなプレイを決めたら！」

と、にこやかに語ってくれました。

彼の脳裏《のうり》には、レシーブに失敗してしまう自分の姿はまったく浮かんでいません。勢いよく床に飛び込み、キレイにボールを上げて歓声を浴びる自分の姿しか浮かんでいないでしょう。

ダイビングレシーブは、飛び込むときの恐怖心の克服が成功の秘訣《ひけつ》です。前もって成功をイメージするからこそ、瞬間的にそれを実現させるべく身体が反応するのです。

「真面目に楽しむ」の効果

成功のイメージトレーニングは、バレーボールに限ったことではありません。あるサッカー少年が、やはり誰もいないグラウンドで、一人黙々《もくもく》と練習をしていました。

突然、ぶつぶつとしゃべり始めたので聴き耳を立てていると、アナウンサーのように自分のプレイを解説しています。

「ハーフラインを越えて、ドリブルです。独走しています。また一人抜きました。メッシの再来です。神業《かみわざ》のドリブルです。また一人抜きました。これで何人抜いたのでしょうか？　ゴールに近づいています。まだパスは出しません。華麗《かれい》なフェイント。また一人抜きました。おっとゴールキーパーと1対1です。そして……ゴォオォォ〜ル。決めました。○○選手決めました。なんと華麗なドリブル、なんと華麗なフェイント、なんと華麗なゴール。まさに日本のメッシ！」

聴いているこちらが恥ずかしくなるくらいですが、本人は「いたって真剣」で、「真面目《まじめ》に楽しんで」いました。こうした成功のイメージトレーニングが、実際の試合で「ファンタジスタ」と呼ばれる独創《どくそう》的で華麗なプレイにつながっていくのです。

ここで紹介した選手たちに共通するのは、「大真面目に」「楽しんで」成功するイメージをしているということです。

なりたい自分や達成したい目標をどれだけリアルに思い描けるかが、実現のカギです。

たとえば、「モテたい」という願望があったとしましょう。どんな自分が「モテる自分」なのか、容姿《ようし》や話し方、仕草、モテたら何をしたいのか……といったことまでリアルに思い描いてみてください。すでに「モテている」自分を思い描き、真面目に、楽しんで想像するのです。

繰り返し思い描いていると、それが現実にも影響を与えます。ごく自然と「モテる人」のイメージに合った行動をとるようになり、いつの間にか「モテる人」に近づいていきます。


「スラッとしていて、オシャレな私はたくさんの異性から注目されている」

「みんなが私に話しかけてくれるし、私も楽しく話すことができる」

など、できるだけ具体的につぶやいてみましょう。言葉の力を借りることで、よりリアルに、細かいところまでイメージできるようになります。

つぶやきのヒント
「ここで決めたら私がヒーローだ」
「私は自分の成功を信じる」

これはうまい！「自分へのごほうび」言葉

子どもだったときのことをちょっと思い出してみてください。

「宿題をやらなかったらオヤツはなしよ」

「お手伝いしない子にはお小遣《こづか》いあげない」

という母親の言葉と、

「宿題が終わってからオヤツにしましょうね」

「お手伝いが終わってからお小遣いあげるわね」

という言葉では、どちらが気持ちよく宿題やお手伝いに取り組めますか？

自分への「ごほうび言葉」をつぶやく

おそらく、前者では義務的に行動したとしても本人には何も得がなく、母親（言葉を発した相手）に対する信頼や尊敬、感謝の気持ちは生まれないでしょう。

これは、大人でも変わりません。

「目標が達成できなかったら減俸《げんぽう》」というペナルティと、

「目標を達成したらボーナス」という言葉では、どちらがヤル気になりますか？

「目標を達成する」ということは同じでも、失敗が前提条件になるのと、成功が前提条件になるのとでは気合の入り方が違うと思います。

何か条件をクリアしたとき、相手との間に信頼関係を築くには、相手にとってうれしくない罰則《ばっそく》を科《か》すより、**「ポジティブなイメージ（成功・目標達成）」＋「ごほうび」のほうが、はるかに効果的**であることがご理解いただけると思います。

さらにポイントとなるのが、**「ごほうび」に条件をつけるのではなく、物事を実行する順番を示す言葉にすること**です。

「宿題が終わったらオヤツにしましょうね」

「宿題が終わってからオヤツにしましょうね」

という言葉は、同じように見えて受け取り方が微妙に変わってきます。

前者の「終わったら」は、オヤツをもらうためには宿題をしなければならないという条件つきの言葉であり、宿題をする動機が「オヤツがほしいから」という外発的（自分以外からもたらされる）なものになりがちです。

後者の「終わってから」は、宿題をしたあとにオヤツにするという、単に順番を示した言葉になっています。このような言葉がけで、親に言われたから、オヤツがほしいから宿題をやるのではなく、内発的な（自分の内側からもたらされる）動機で行動をとれるようになります。宿題そのものに目標や達成感を見出すことができ、たとえオヤツがなくても自発的に宿題をすることにつながるのです。

うれしい気持ちが倍増するやり方

日本には、忌《い》み言葉といって、結婚式で「別れる」「離れる」「切れる」、受験生に「落ちる」「滑る」といったネガティブな言葉を使わないという風習があります。昔から、言葉にしたことが現実になると信じられてきたのです。

単なる風習と考える人もいますが、「落ちる」と言われた受験生が、「落ちる、落ちる、落ちる……」と潜在意識に刷り込んでしまったとしたら、それはやっぱり現実に影響を与える可能性があるのです。

自分のヤル気を引き出したい、結果を出したいと思っているときに、つい口にしてしまうのが、失敗している状況を言語化した表現です。

「勉強しなければ、資格試験に落ちてしまう」
「もっと痩《や》せないと、好きな人に嫌われてしまう」

これでは、「資格試験に落ちた自分」「好きな人に嫌われた自分」といった、ネガティブ＝失敗のイメージを持ってしまいます。

前述のとおり、「成功のイメージは成功を現実化」しますし、「失敗のイメージは失敗を現実化」させるのですから、「成功」を前提としてポジティブな表現を口にするほうがヤル気も出て、よい結果につながることは間違いありません。

「注意しないとミスしてしまう」と思うのではなく**「丁寧《ていねい》にやろう」**。
「もっとがんばらないとライバルに負けてしまう」と思うのではなく**「持っている力を出し切ろう！」**。

という表現のほうが、前向きになれると思いませんか？　まずは自分の頭の中にある「失敗しているイメージ」を「成功しているイメージ」に変換し、それを言葉にする習慣をつけること。

「ライバルに絶対に勝とう」といった、相手ありきの言葉より、「ベストを尽《つ》くそう」「力を出し切ろう」といった、自分自身にできることを言葉にするのがポイントです。

自分へのごほうびも、成功イメージとセットにすることで効果を発揮《はっき》します。

「今日はベストを尽くして、あとでおいしいものを食べよう」

「仕事が全部終わってから、読みたかったマンガを読もう」

など。ぜひ試してみてください。

つぶやきのヒント

「（ごほうびを用意して）これは、がんばった自分への贈り物」

「全力を尽くした自分ってステキだなぁ」

「褒め言葉」をもらったらそのまま自分用に

日本人は、褒められるのが苦手な人が多いと言われています。

アメリカでアスレティック・トレーナーの修行をして帰国したときに痛烈《つうれつ》に感じたのは、アメリカ人と日本人の精神性の違いです。それが顕著《けんちょ》に表われるのは、褒められたときの反応です。

たとえば、選手が素晴らしいプレイをしたときに**「今のプレイ、最高によかったね！」**と褒めると、アメリカ人の選手なら「サンキュー」と素直に返事が返ってくるうえに、

「俺ってすごいだろう?」
「俺って最高だろう?」

と自己賛辞《さんじ》がついてくることがあります。

一方、日本人選手の場合、褒めたあとに「ありがとうございます」という返事がくることさえまれで、「いや〜自分なんかまだまだ……」「偶然《ぐうぜん》ですよ……」と照れ隠しの発言が多いように感じたのです。

このように、褒められても否定したり、はぐらかしたりしてばかりいると、うまくいったことや褒められたことより、自分で言葉にした「自分なんかまだまだ」「(うまくいったのは)偶然ですよ」というイメージを強化してしまいます。これを潜在意識が認識し、現実にも影響を与えるのです。

褒め言葉を素直に受け取れないのは、日本人の謙虚《けんきょ》さであり、幼少の頃から沁《し》み込んだ思考習慣なのでしょう。

しかし、自分で自分に声をかけ、心を奮い立たせたり、整えたりするセルフ・ペップトークのすごい効果を知っている側からみると、せっかくうまくいって他の人に褒められたのに、自分で自分に「ダメ出し」をし、自《みずか》ら自信をなくすように仕向けているとしか思えません。

「謙虚さ」は素晴らしい日本の文化ですが、その反面に存在するこの習慣の欠点に気づき改善できたら、私たちの中にどれほどのいい変化が生まれるのだろうかと思います。

「どうせお世辞だ」と思ったら損

自らダメ出しをして自信をなくす発言は、ほとんどの日本人の思考習慣となってしまっています。

誰かから受けた「褒め言葉」は、最高のつぶやき（セルフ・ペップトーク）になりますから、ぜひ、しっかり覚えておきましょう。

謙虚な日本人でも、褒められたときに否定せずに、

「ありがとう」

「そう言ってもらえてうれしい」

といった言葉なら、ムリなく言えるのではないでしょうか。

どうせお世辞《せじ》だなんて思わず、相手の言葉をポジティブに受け取り、口にすることで、セルフ・ペップトークによる自己実現に近づけることができ、自信につながるのです。

つぶやきのヒント

「（褒められたら）ありがとう、とってもうれしい」

「（褒められたことを繰り返しつぶやく）」

「とにかく体を動かす」と、気持ちもついてくる

小学4年生の軟式野球の試合を見学したときに、面白い光景に出合いました。

試合が始まる前は、両チームとも身体を慣らし、グラウンドコンディションを知るために「シートノック」という短い守備練習を行ないます。

一般的には子どもたちに自信を持たせるため、各ポジションについている選手の正面に簡単なゴロを打って、確実に一塁に送球する基本的なプレイを中心に行ないます。

しかし、そのチームの監督さんはそんな常識をまったく無視したことをやり始め

ました。

まず、グラウンドに出ている選手は守備位置で、控えの選手はベンチ前で構えさせます。コーチが「右」と言うと選手たちは「右」に、「左」と言うと「左」に、「前」と言うと「前」に跳び、ダイビングキャッチのまねごとをします。

シートノックでは、二遊間、三遊間と、選手と選手の間に強いゴロを打つのです。選手たちはみな、捕れても捕れなくても打球に飛び込みます。

試合用のキレイなユニフォームはこの段階ですでに泥だらけ。いったい、この監督は子どもたちにどんなことを教え、どんな野球をするのだろうと興味津々《きょうみしんしん》になりました。

そして試合が始まると、期待どおりのプレイを子どもたちは見せてくれました。

真正面にきた打球以外は、どんなに遠かろうと必ず飛びつく、ファールフライも最後まであきらめずに全力で追いかけ、捕れなくてもダイビングする……。そう、甲子園の高校球児のような一生懸命でガッツあるプレイを、目の前の小学4年生たちが見せてくれたのです。

野球はサッカーと異なり、幼稚園児や小学校低学年には少々難しいスポーツです。私の知る限りでも、ピッチャーがオーバースローでボールを投げて野球らしいゲームを行なうには、やはり小学3年生くらいの体力や運動神経がないと楽しめないと思います。

そんな競技を始めてまだ1〜2年の子どもたちの果敢《かかん》なプレイは、その試合中、幾度《いくど》となく奇跡的なファインプレイとなって大人に感動を与え、魅了してくれました。

ツーアウト満塁のときに、ファールフライをダイビングキャッチしてチームを危機から救った捕手。相手チームのベンチに飛び込んでまでファールフライに食らいついた三塁手の少年。

みんな、自分たちの応援団からだけではなく、相手チームの保護者や応援団からも拍手喝采《かっさい》を浴びていました。

そして、その相手チームの応援団に帽子をとって礼をする姿は、「どう？　僕たちすごいでしょう!」と自信に満ちあふれていました。

「負けたのに明るいベンチ」から学べること

結果的には、このチームは僅差《きんさ》で敗れました。しかし、試合後のベンチには清々《すがすが》しさがありました。

一方で、相手チームは勝ったにもかかわらず、エラーした選手が叱《しか》られ、うまくいかなかったプレイの反省点を注意されています。よくある風景ではありますが、勝ったのに子どもたちはあまり楽しそうではありません。

コーチたちも、もっと大差で勝てたはずの相手に僅差だったことが不満のようです。

負けたのに明るいチームは、試合に負けたことなどまるでなかったかのように、楽しそうに話し合っています。

監督も子どもたちも、

「あのファインプレイはすごかった！」
「〇〇君がダイビングして捕れなかったのは惜しかった！」
「△△君のユニフォームが一番汚れていてカッコいい！（汚れ方が「がんばった度」の評価基準のようです）」
「観客の声援に対してＷＢＣ（ワールド・ベースボール・クラシック）の選手みたいにパフォーマンスをしてみよう！」

などと、笑顔でいっぱいです。

野球を始めたばかりの時期に、大人の都合や好みで高度なチームプレイを教えることよりも、この時期だからこそ大切な「野球の楽しさ」や「脚光を浴びること」への快感が、その後の努力の糧《かて》になることを改めて感じた光景でした。

物事に対する「積極的な姿勢」や「明るさ」は、「何らかの形で喜びや結果になって返ってくる」という原点を持つことによって育《はぐく》むことができると実感した、私にとっても貴重な経験になりました。

結果重視の世界にいると、本来の楽しさや、挑戦することのワクワク感を忘れてしまいがちです。

でも、ときには原点に返って、自分がやっていることの楽しさを感じてみませんか？

できないことができるようになる喜び、わからなかったことがわかる喜びなど、気づきや成長、変化することそのものを楽しめたら、現実は変わっていくはずです。

急に考え方を変えることは難しくても、言葉が、その手助けをしてくれます。

例にあげた少年野球チームの監督と子どもたちの言葉のように、たとえ100点でなくても、いいところを見つけて褒めるような言葉を、自分にかけてあげてください。

つぶやきのヒント

「今日の目標は〝楽しむこと〟」

「成長できるって楽しいなぁ」

コラム1

心の「回復力」を高めるワーク

自分を認める。自分は自分のままでいい。そんな自己肯定感を高めるために、おすすめのワークをご紹介します。イギリスの心理学者イローナ・ボニウェル博士が逆境を乗り越える力（レジリエンス・マッスル）を育てる方法として考案したもので、私は講演の中で受講生の方にやってもらうことがあります。

それは、

「I am ○○（私は○○だ）」
「I have ○○（私は○○を持っている）」
「I can ○○（私は○○ができる）」
「I like ○○（私は○○が好きだ）」

という４つの項目について、自分に当てはまるものを答えるというものです。

この言葉は、いわば自分だけの「お守り」のようなもので、これを心の真ん中に持っていると、何があっても落ち込まないようになります。


ある小学生は、「I can ○○」の項目に、１００個くらい食べ物の名前を書いていました。「I can eat ○○」というように。

彼は、にんじんとピーマンが苦手で、そのことで毎日母親に叱られているそうです。それが悔しくて、「僕にはこんなに食べられるものがあるんだ！」ということを書き出していたのです。

「I like ○○」のところは、ゲームでもマンガでも、自分が好きなものや得意なこと……夢中になれるものならなんでも構いません。

このリストを手帳や小さなメモにでも書いておいて、心が折れそうなときに眺めてみてください。

2章

ピカピカの自分になる「つぶやき」

必要以上に自分を責めている人が多すぎる

「こんなこともできないの？」

「このくらいでへこたれてどうする！」

親や先生、先輩から言われたことがあるかもしれません。

声をかけた側からの激励《げきれい》の表われだとわかっていても、心にグサッと突き刺さります。

「そんなこと、言われなくてもわかってるよ」

「お母さんなんて大嫌い」

と、その激励がヤル気につながるよりも、むしろヤル気を失うことになりかねません。

「経営の神様」と言われたパナソニックグループ（旧・松下電器産業）の創業者・松下幸之助さんは、

「叱ってくれる人がいるのは幸せなこと」

「あなたを叱ってくれる人を大切にしなさい」

「叱ることは、愛情を込めて、相手の成長を願っているからこそできる」

「叱ることは、改善を促《うなが》すために注意をすること」

といったことを多く語られています。

とても深い意味のある言葉です。ただ、このメッセージが生きるのは、叱る側と叱られる側の間に信頼関係があることが絶対条件です。心理学用語で信頼関係のことを「ラポール」といいますが、信頼し合い、心が通じ合うからこそ、言葉の奥にある本音やメッセージが伝わるのです。

つまり、いくら相手に対して愛情を込めて、成長を促すつもりで叱っていても、相手にその認識や信頼関係がなければ、それは伝わりません。逆に、言葉選びによって信頼関係が構築できることもあるのです。

どんなときも再スタートできる

「失敗は成功の母」と言われますが、失敗して落ち込んでいるだけでは、そこから何も生まれません。失敗から学び、改善し、立ち直ってこそ成功につながります。

何か失敗をしてしまったとき、思い通りにいかないとき、自分に対して腹が立つこともあるでしょう。そんなとき、頭の中はどうなっているでしょうか。

「自分はなんてダメなんだ」「自分なんて、大っ嫌い」

と、自分を責めていませんか？　自分のことを信頼していないと、その自分への叱責《しっせき》はなかなかプラスにはとらえられません。

でも、自分のことを信じていれば、その言葉で自分を発奮《はっぷん》させられるかもしれません。「自分はなんてダメなんだ」というマイナスのつぶやきより、

「次はきっとできる」

「この失敗から何を学ぶか本気で考えよう」

など、前向きな言葉を自分にかけるようにしているほうが、失敗から立ち直ることも、もう一度チャレンジする元気も生まれてくるというものです。

それでも、「自分はなんてダメなんだ」といったマイナスの思いが浮かんでしまうとしたら、こうつぶやいてみてください。

「安心して大丈夫。ここから一歩踏み出そう」

ダメな自分を否定するのではなく、肯定して、プラスの言葉を加えるのです。そうすると気持ちが切り替わり、次の行動を起こすモチベーションがアップします。

つぶやきのヒント
「（失敗したら）別のやり方を試すチャンスだ」
「さぁ、ここからがスタートだ」

大事な場面で自分に「GOサイン」を出せるか

少年サッカーの試合を見ていたときのことです。

試合前、監督が子どもたちに「檄《げき》」を飛ばしていました。

「今日は絶対に走り負けるな！　走り負けたらただじゃ済まさんぞ。負けたらいつものグラウンドに戻って走らせるからな！」

監督は「今日の試合は絶対に走り勝ってほしい」と思っていたのでしょう。決して走り負けることを前提にしているのではなく、「罰を受けたくなければ走り負けないようにがんばれ」と、子どもたちにハッパをかけたかったのだと思います。

しかし、この言葉を耳にした子どもたちの頭には、「試合で走り負け、罰としてグラウンドを走らされている自分」のイメージが浮かんだに違いありません。

この言葉を聞いて、「走り勝って、みんなで大喜びしているイメージ」を持っている子はそんなにいないはずです。

同じように、少年野球で昔からよくありがちな、

「エラーするな！　エラーしたらグラウンドに帰って1000本ノックだからな！」

というような試合前の監督のセリフ。

しかし、これを聞いた選手は、

「エラーしてはいけない、エラーしてはいけない……」

と、自分がエラーをしている姿をイメージしてしまいます。

試合中、打球が飛んできたとき、その瞬間にもエラーすることを一番に思い浮かべてしまい、体が固くなって、結果、エラーにつながったりします。

そんなとき、「ああ、やっぱり」と思ってしまうとマイナス思考のループに入っ

ていきます。できない自分、失敗する自分のイメージをわざわざ脳裏に焼きつけていくのです。

「エラーするな」という言葉の意味は理解できても、潜在意識では「エラー」の響きが強く残ってしまいます。

潜在意識は否定形を認識できない

たとえば、「カレーライスをイメージするな」と言われたらどうでしょう。頭の中にはカレーライスが浮かぶのではないでしょうか。思い浮かべてはいけないと思うほど、「カレーライス、カレーライス……」と繰り返しイメージしてしまいます。

このように、潜在意識は、「否定形」の言葉が理解できません。

ですから、エラーを防ぎたいときは、

「積極的に前へ出て守ろう」

「リラックスして臨《のぞ》もう」

というように、**「したいこと」を言葉にする**ことが重要です。

ふだんは問題なくできるのに、大事な場面になると失敗してしまう人がいます。そういう人は、「失敗したらどうしよう」「ミスをしたら仕事の評価が下がってしまう」などと頭で考えすぎてしまい、いつもの力が発揮できなくなってしまっているのです。

つぶやきのヒント

「自信を持ってやろう」

「絶対に成功する」

誰だって直面する「壁」の乗り越え方

ビジネスでも、スポーツでも、子育てでも、目標を達成しようとしているときに共通して訪れる心の変化があります。

乗り越えようとする壁が大きければ大きいほど、こんな気持ちになることがあるのではないでしょうか。

「もうこれ以上は無理なのではないか」という不安感から、「自分には向いていないのではないか」という疑問が湧き起こり、

「何のためにこれをやっているんだろう？」

「続けることに何の意味があるんだろう？」
と、自己嫌悪につながるマイナス思考で、自らを追い詰めてしまうことが……。

自分には向いていないのではないか……そう思ってしまうと、人は前向きに行動することができません。

こんなとき、上司や先輩、親から「もっとヤル気を出せ」とか、「向いていないんじゃない？」といった言葉を追い打ちのように投げかけられると、歯向かう気力すらなくなっていくのではないでしょうか。

なぜなら、こう言われて「そんなことはない！　今に見ていろ！　自分にはできるんだ！」と歯向かえるときは、このような心理状況には陥らないからです。
「自分には向いてないのではないか」と悩んでいるときに、追い打ちをかけられるような言葉を投げかけられ、「やめてしまう」という結論を出してしまうこともあります。

アスリートはなぜ、厳しい練習に耐えて、黙々とトレーニングを積み重ねることができるのでしょうか。

それは、「夢中力《むちゅうりょく》」があるからです。夢中力が発揮されるのは、好きで得意なこと。もしくは、自分にはこれしかないと思えることに対してです。

私は全国の学校のPTAでも講演をしていますが、よく言うのが「子どもたちのゲーム遊びを無理にやめさせないでください」ということです。

ゲームが好きな子どもは、「ごはんができたよ」の声も届かないほど、ゲームに集中しています。「ポケットモンスター」のキャラクターの名前を1000種以上すべて覚えている子どももいます。その集中力や記憶力は、素晴らしいものだと思うのです。とはいえ、ゲームばかりしていないで、勉強してほしいと思うのが親心。

そんなときにどう声をかけたらいいかというと、

「あなたはそれだけ集中力や記憶力があるのだから、勉強にも自信を持って」

「その素晴らしい力で、どんなことも乗り越えていける」

など。そのうえで、1時間なら1時間と「自分と約束」をさせて、ゲームにも集中、勉強にも集中したほうが効果が出ます。

登山家の例で有名な、

「なぜ山に登るのか？」「そこに山があるからだ」

という問答があります。登山家の気持ちを見事に言い表わした言葉ですが、逆に言えば、山登りに興味のない人にはまったく理解できない言葉だと思います。

「山を登るなんて、ただツライだけなのに、何が楽しいの？」と……。

もし、好きなことがあるなら、大事にしてください。そこで培《つちか》われた夢中力が、苦手なこと、うまくいかないことにもいい影響を与えます。

目の前のことに集中してみる

たとえば、「この仕事、自分には向いていないのではないか」という考えが頭をよぎったときは、仕事がうまくいったときの達成感や喜びを忘れかけてしまっているときでしょう。

思うように成果が出ない、初歩的なミスをしてしまった、まわりがどんどん成長していってあせる……。

そんなときは、無理にモチベーションだけを上げようとしても逆効果です。

「今日はこれができたら100点」

と、目標を低く設定して、小さな達成感を味わったり、

「いつもより丁寧にやってみよう」

と、目の前のことにただ集中したり。もしくは、つぶやきの力を借りて、あせる気持ちを抑えるのも効果的です。

「成長スピードは一人ひとり違う」

「今日は昨日より絶対いい。明日はもっとよくなる」

など。他人と比べるより過去の自分と比べる「垂直比較」をしてみましょう。

目の前のことをやりきる、もう一度基本に立ち返ってみる……すると、その仕事

のやりがいや目標を少しずつ思い出すことができます。

無理のない意識チェンジと行動で、マイナス思考のループを止めることができるのです。

このとき大事なのは、「当たり前のこと」も成功体験として考えてほしいということです。たとえば、朝6時半に起きると決めて、きちんと6時半に起きたら成功。何時の電車に乗ると決めて、きちんと乗れたら成功と考えるのです。

当たり前に見えることでも、自分との約束を守れたこと、目標への小さな一歩だということを忘れないでください。

いつもの当たり前が、すべて成功体験だとしたら、毎日がどれほど充実して見えるでしょうか。

つぶやきのヒント

「あせらず、丁寧にやろう」

「今は目の前のことに集中しよう」

経験を「次につなげる」言葉

バレーボールとビーチバレーで3度のオリンピック出場を果たした佐伯美香《さいきみか》さん。今は現役を引退し、バレーボールの普及と後進の育成に専念されています。その彼女の実業団デビュー時のエピソードをご紹介します。

愛媛県松山市出身の彼女は、四国で小学校・中学校時代に目覚ましい活躍をして、京都成安《せいあん》女子高等学校（現・京都産業大学附属高等学校）に進み、卒業後、実業団のユニチカ・フェニックスに入団しました。

しかし、172センチとバレーボール選手としては決して身長が高いわけではなく、アマチュアバレーボール界では名をはせたそのパワーも、実業団では突出するレベルではありませんでした。

アスリートは身体が資本です。入団当時の彼女は貧血で、練習についていくのがやっとでした。毎日、レバー・鉄分の薬・注射で克服しながら、練習に臨んでいたそうです。このとき彼女は実業団でやっていけるのかと、小学生のときにバレーボールを始めて以来、続けていくことに初めて不安を持ったと言います。

そんな不安を自信に変えてくれたのは、実業団デビュー戦での、相手チームのキャプテンの一言でした。

緊張するデビュー戦。期待されているアタッカーとしての初めてのチャンスで、彼女はその緊張を取り払うかのように、渾身《こんしん》の力をボールに込めました。

結果は……大ホームラン（野球のホームランと違って、バレーボールの場合は、はるかコート外に飛んでいってしまうことです）。

ボールは相手チームのコートに落ちることなく、コートのエンドラインのさらに先にある2階の観客席に飛び込みました。

それを見たナショナルチームのメンバーでもある相手チームのキャプテンは、ネット越しに、

「やるじゃん！」

と、笑顔で声をかけてくれたそうです。

人によっては、

「それってバカにしてるんじゃないの？」

と思うかもしれませんし、相手チームのキャプテンがどんなつもりでその言葉を発したのかは定かではありません。

ただ、間違いなく言えることは、この一言を耳にして、

「相手チームのキャプテン、それもとても偉大な先輩が褒めてくれたんだから、私はきっとこの世界でやれるんだ！」

と佐伯さんが自信を持てたことです。そう佐伯さん自身が自分の原点を語ってくれました。

「ミスをしたのに褒めてくれたあの一言がなければ、現在の佐伯美香はない」と目をキラキラ輝かせて話す彼女は、自分の体験をもとに、素晴らしい指導者として愛情あふれる人材育成をされています。

自分に「ナイストライ！」と言ってあげよう

成功と失敗の共通点は、「挑戦したこと」です。挑戦しなければ、成功も失敗もしません。ですので、挑戦したことを認めて、褒める声かけをしましょう。

スポーツの試合でミスをしたとき、選手同士で、あるいは指導者は、

「ナイストライ！」

つまり**「いい挑戦だった」**と声をかけます。

ミスをしたことをいつまでも悔やんでいたら次のプレイが消極的になり、チーム全体に連鎖《れんさ》していくことがわかっているからです。

それよりも「ナイストライ！」と挑戦したことを受け入れて、次のプレイを成功

させ自信を回復させることのほうが重要なのです。

真面目で責任感がある人ほど、ミスをしたときに自分の落ち度を感じて、「何であんなことをしてしまったんだろう？」と自己嫌悪に陥ります。

タイムマシンであと戻りはできませんから、済んだことをほじくり返して悔やんでも結果は変わりません。

自分に「ナイストライ！」と言ってあげましょう。そして、次につなげましょう。自分に足りない部分や失敗した原因に「気づいたこと」、そして、それを「改善するチャンスがある」ということ――それは失敗の経験から得られた、価値のあることなのです。

つぶやきのヒント

「次もがんばろう」

「あせらず丁寧に、一つひとつやっていこう」

ミスをしたときにこの一言

ミスをしたときは、真面目な人ほど気持ちが後ろに向いてしまいがちです。責任感が強ければ強いほど、どんどん自分を追い詰めてしまいます。

自信を失った状態では、前向きに行動することはできません。そのため、まずは気持ちを切り換えることが肝要です。

「誰でもミスはするんだ」

「完璧な人などいないよ」

といった言葉を自分にかけて、まずは後ろ向きになった心をフラットな状態にしましょう。私が選手時代にミスをして落ち込んでいたときの恩師の言葉をよく覚えています。

「ミスをしたときは、同じミスを二度と犯《おか》さないという自戒《じかい》の念を込めて『ミスを受け入れる必要』はあるが、ミスをしたことを『気に病《や》む』ことはまったく無意味だ。『ミスから学ぶ』ことは過去の教訓を活かして、ミスを犯さないように万全の注意を払うことであり、『ミスを気にする』ことは、再びミスすることを恐れて進歩のない後ろ向きの人生を歩むことだ」

チャレンジする力をつくる

恩師はこんな話もしてくれました。

「人間、誰しも失敗はする。しかし、ここで『愚《おろ》かな人』と『賢い人』の差が大きく表われる。賢い人は二度と同じ過ちを繰り返さない」

「偉大な人とそうでない人の違いは、一度失敗しても再度チャレンジするか、ミスを恐れて卑屈《ひくつ》になり、挑戦することをやめてしまうかだ」

失敗によって自信をなくすと、挑戦しようという気力もなくしてしまいます。

そんなときは、自分で自分を励ましてあげてください。

「ここまでよく努力を続けてきた」

「努力できることも才能のうち」

など。ミスを犯したときにも挑戦した姿勢を褒める、努力することそのものが尊いのだと認めることが大切なのです。

つぶやきのヒント

「思い切って挑戦したことがすごい!」

「いい勉強になったなぁ」

自分を落ち着かせるつぶやきパターン

誰もが認められたい、褒められたいという根源的な欲求を持っています。ですが、人とのコミュニケーションの中で、そのことは忘れられがちです。人の心をつかむのがうまい人、ヤル気を引き出すのがうまい人は、この欲求を念頭に置いてコミュニケーションをしていると言えるかもしれません。

アメリカの心理学者で人間性心理学の生みの親とも言われるアブラハム・マズロー博士の有名な定義があります。それは、人間が人間らしく生き、人生の目標を達成するための欲求には5つの段階があると説いている「自己実現理論」です。

【第1段階】生理的欲求
【第2段階】安全の欲求
【第3段階】所属と愛の欲求
【第4段階】承認の欲求
【第5段階】自己実現の欲求

第1段階の「生理的欲求」とは、人間が生きていくうえで必要な食欲や睡眠という本能的に身体が求める欲求のことです。

それが満たされると、第2段階の「安全」という自己防衛に対する欲求が生まれます。自分自身を危険から守る、危険を回避する、もしもの場合に備えるという余裕が生まれてくるのです。

それが満たされると、「家族」や「集団」に「所属」し、愛し愛されたいという第3段階にステップアップします。伴侶《はんりょ》を求め、家族を増やしたり、人と人とのつながりを大切に考え始めたりします。

さらに、それが満たされると所属している集団から自分が「必要とされている」といった、存在の承認に対する第4段階の欲求にいたります。ここでは、前段階までの動物的本能より一歩進んで、より人間らしい欲求となってくるのです。

極度の空腹や睡眠不足に陥っているときに、仕事のパフォーマンスを上げることはできませんし、大切な家族に危機が迫っているときに仕事の話をされても、それどころではないでしょう。

第1段階から順にクリアして初めて、第5段階の自己実現へとつながっていきます。

夢を叶えること、自己実現に向かっていくということは、第3段階までの「個人の欲求」を満たしたうえで、第4段階の「集団から認められる段階」を経ることが必要なのです。

「自分のままでOK」と認めてみる

「あなたにしかできない」

つまり、人が何かを達成するためには、「それがその人にとって必要であること」＝「目標意識」と同時に、第4段階に当てはまる、

「それはあなたにしかできない」
「それはあなたにならできる」
「それをあなたにやってほしい」

といった**「承認」**が必要なのです。人は誰でも、

「自分の**存在**を認めてほしい」
「自分の**才能**を認めてほしい」

「自分の**人格**を認めてほしい」と思っているのです。ですからそれらを認められなければ、「ヤル気のスイッチ」は入りません。

自分を認めてくれない人に対して、信頼感を持つことはできませんし、尊敬することもできないでしょう。

これは、誰かのヤル気を引き出すために、ぜひ覚えておいてほしいことです。ヤル気を出してほしければ、まずは相手を「承認」すること。そうすれば、相手はあなたを信頼し、やがてはあなたを認め（承認し）て、そしてそれがあなたを尊敬する姿勢につながっていくのです。

人は、ある程度の承認欲求が満たされると、より高いレベルを目指したいという気持ちが強くなります。それは、自分の能力を高めたり、自分一人でできることを増やしたりすることで、自己評価を高めたいという欲求です。

誰かから承認してもらうだけでなく、自分自身を認めることで、第5段階の自己実現の欲求を求めるようになります。

これは、もっと自分の可能性を広げたい、理想とする自分になりたいという欲求です。

誰かを認めるのと同様に、自分を認めることはできていますか？

自分で自分を肯定するつぶやきを成長のエネルギーに変えましょう。

つぶやきのヒント

「私は私！」

「今の私のままでいい！」

もしかして傷口に塩をぬっていませんか？

以下の①～③は、失敗した自分に向き合うときに心がけたいことです。

①失敗したことを責めない
②落ち込んでいるときに責めない
③不安が不満になって爆発しないように気をくばる

つまり「傷口に塩をぬるな」ということです。

傷口に塩をぬってしまう言葉には、次のようなものがあります。

「自分は何を考えているんだ」
「自分は何てことをしたんだ」
「自分はどうしようもないやつだ」

失敗したあとにそこから立ち直り、積極性を取り戻すためには、「失敗から学び、失敗を活かす」ことと、「失敗を忘れる」ことが重要です。

「失敗から学ぶ」とは、その「原因」に目を向け再発しないように元を正すことです。「クレームはチャンス」と言われるように、失敗やミスから何かを学び、立ち直ることで、新たな成功の機会が生まれることも多いのです。

しかし、失敗をした「事実」が記憶に焼きついてしまうと、次の積極的行動にブレーキをかけてしまいます。ですから、失敗から学んだあとは、失敗の記憶は捨て去ってしまったほうがいいのです。

つまり、失敗した事実に目を向けるのではなく、失敗の原因にだけ着目するのです。

「自分は何を考えているんだ」

「自分は何てことをしたんだ」

と人格やその思考、行動を否定するような言葉ではなく、

「何が原因でこのミスが起こったんだ」

と問いかければ、冷静に、

「思慮《しりょ》不足だった」「相手に対する配慮が足りなかった」

と原因究明に目を向けることができます。そして改善策を考えれば、ミスを起こしたマイナス思考のループから脱することができます。

さらに、ミスは犯したけれど積極的に行動したことを否定せずに、

「誰しもミスはある。失敗から学ぶことも多いんだ」

と「失敗は必要なもの」として受け入れ、積極性や挑戦意欲を再び取り戻せるように気持ちを切り換えていきましょう。

同じ失敗をしてしまうときは

失敗したことが原因で消極的になってしまうタイプの人は、失敗したことを悔やみ続けたり、失敗した自分を不甲斐《ふがい》なく思い続けたりするマイナス思考のループに陥っていく傾向があります。

できない自分をイメージに焼きつけ、次にまた失敗をすると「ああ、やっぱり失敗した」と確認し、さらに「できない自分」という人格を自分でつくってしまうのです。

また、人から指摘されることを嫌い、せっかくアドバイスをもらっても、聞き流したり、反発したりしてしまうこともあるでしょう。そのような人は、高いプライドがジャマをして、うまくいっている人にアドバイスを乞《こ》うことも、わからないことを聞くこともしません。

このような原因で、同じミスを繰り返してしまうのです。

逆に失敗を糧に成長する人は、

「これでまた一つ勉強した。次はもうやらない」

と前向きにとらえ、失敗するたびに「また成長した」「また勉強した」と考えます。

だからこそ、自分が失敗したときにネガティブな表現を避けて、ポジティブな言葉をかけることで、積極性を取り戻し、「ヤル気」につなげることが重要なのです。

つぶやきのヒント

「失敗じゃない、成功に一歩近づいたんだ」
「失敗から学び、立ち直れば打たれ強くなる」

後悔も自分の力になる

東日本大震災の折に、東京ディズニーランドや東京ディズニーシーでは、寒さや空腹、乾きをしのぐために、スタッフの判断で店舗の商品を無償でお客様に配布したそうです。現場のスタッフの機転《きてん》と積極的な行動が、たとえ一時しのぎにすぎなかったにしても、多くのお客様の不安をやわらげたに違いありません。

「今、自分たちが人のために役に立てることは何なのか？」

という発想が、上司の判断を待つことなく、

「自分で考え、正しいと判断したことを即座に実行する」

という積極的な行動につながったのではないでしょうか。

ディズニーランドもディズニーシーも、負傷者がゼロだったということもあり、このスタッフたちの行動は、「神対応」として賞賛されました。

このときの成功体験が、今後もスタッフたちの「お客様の安全を最優先する」という行動指針となっていくことでしょう。

一方、もしもこのときの行動に対し、

「何でそんなことをしたんだ！」

と、上司から頭ごなしに叱られたとしたらどうでしょう。

「もう、自分で考えて行動するのはやめよう」と、積極的に行動する気持ちがなくなってしまうのではないでしょうか。

もちろん、ビジネスの現場では上司の許可なく勝手な判断はできないこともあります。しかし、とっさの判断が必要な場合も多いはずです。

「何でこんなことをしたんだろう……」

よかれと思ってやったことが裏目に出てしまった、評価されなかったとき、こんなふうに、自分で自分を責めてしまうこともあります。

人には、「人から認められたい」「自分自身の能力を正当に評価してほしい」という「承認の欲求」があります（71ページ参照）。

それが満たされないとき、とたんに意欲が失われてしまうのです。

「自分で考えて行動したこと」の価値

よかれと思って決断・実行したことが裏目に出たときには、誰しも「後悔」「失意」といったネガティブな心境に陥ります。このときに、

「自分はいったい何をやっているんだ」「自分は何てダメなんだろう」

と自分を攻撃するような言葉を言ってしまうと、失敗を次に活かす機会を失ってしまいます。人は失敗すると、どうしても次の行動が慎重になりますから、そこに

追い打ちをかけると、思考そのものが消極的になってしまうのです。

ヤル気を引き出すには、日頃から、**「失敗から学び、次に活かす」習慣**を身につけておく必要があります。「試行錯誤《しこうさくご》」をモットーに、失敗を恐れずに正しいと思うことは果敢にチャレンジしていくことが必要です。

結果はもちろん大事ですが、その「プロセス」も同じくらい大事です。よかれと思ってやったことで失敗してしまった自分に、何と言葉をかけてあげますか？

結果は思わしくなかったとしても、「自分で考えて行動したこと」を認めてあげるようなつぶやきが次につながります。

つぶやきのヒント

「自分が正しいと思うことをやろう」
「何事も経験しないとわからない」

コラム2

自分とどんな約束をしていますか

「今日からダイエットを始める」「今日から毎日、英会話の勉強をする」と決意しても、いつも3日坊主で終わってしまう……。そして、「自分はなんてダメなんだろう」と落ち込んでしまうという人は少なくないでしょう。

「○○をするぞ」という自分との約束を「理想の姿」「理想の結果」と結びつけると、その道のりが遠すぎて実現が難しくなります。「こうなりたい」という理想を描くのはいいのですが、**今日やるべきことは「今日の一歩」**です。

ある有名な登山家が、チベットのお坊さんと一緒に、山の頂上にあるお寺に行くことにしたそうです。お坊さんたちはとても軽装なので、「楽についていけるだろう」と思いました。しかし、彼は途中で断念してしまいます。

彼は、途中で「頂上に着くまで、まだこれだけ残っている」と思ってしまったそうです。「こんなに歩いてきたのに、まだこんなにある」と。一方、お坊さんたちは、「あの山の頂上のお寺に行く」という目的は持っているけれども、目の前の一歩に集中することができていました。まだこんなにある、と悲観するのではなく、これまでの一歩も、これからの一歩も同じ一歩だと。

ダイエットすること、そしてその方法を決めたなら、一歩でもいいから、その日の歩みを進めましょう。「1カ月で○キロやせる」「そのために断食しよう」などと不可能なことを思うのではなく、「ごはんを1口分だけ減らす」「いつも1日で食べてしまうお菓子を3日間で食べるようにする」など。「腹筋をする」と決めたなら「腹筋のポーズをとる」だけでもいいのです。せっかくポーズをとったなら、1回はやるでしょう。1回やったなら、おまけに2〜3回できるかもしれません。

無理に習慣化しようとするのではなく、「ポーズだけはとる」。その繰り返しが継続力になっていくのです。

3章

〝新たな一歩〟につながる「つぶやき」

心にも「ウォーミングアップ」が必要

アスレティック・トレーナーは、練習や試合前後のウォーミングアップやクールダウンを行なうだけではなく、練習中や試合の最中にも事故防止や外傷の処置のため、常にコートやグラウンドの近くに待機しています。

そのため、多くのコーチや監督が選手を叱咤《しった》激励するシーンに触れる機会がありました。

そこで気がついたことは、優秀な指導者ほど選手のモチベーションを高め、ヤル気を引き出し、ヤル気のスイッチを入れるのが上手だということです。

また、反面教師として、

「もっと選手の心に気づいてあげれば、選手はヤル気が出るのに」

と感じたことや、アスレティック・トレーナーの立場からすると、

「あんな声のかけ方をして選手が不安を抱えたままプレイすると、身体がこわばってケガの原因になってしまう……」

と思ったこともあります。

試合や練習の前に、ウォーミングアップやストレッチをして身体を温め、柔軟にすることで、動きやすくケガをしにくい身体を準備するのと同様、「集中力を高め、ヤル気を引き出す心のウォーミングアップ」が必要だということを、アスレティック・トレーナーだからこそ感じてきたのです。

どんなときでも気持ちを整える方法

心のウォーミングアップは、自分で行なうこともできます。

私がよく講演やセミナーでお話しするおすすめの方法は、「三三七拍子」のリズムで、自分へのエールをつくることです。


「なれる！　なれる！　必ずなれる！」

「前へ！　進め！　必ず行ける！」

「やれば　できる！　必ずできる！」

「俺が　決める！　絶対決める！」

「夢に！　向かい！　ベストを尽くす！」

「やって！　みたら！　道は開ける！」


など。三三七拍子といえば、昔から応援団が取り入れているリズムです。自分を鼓舞《こぶ》し、心の中で繰り返しつぶやくのにぴったりです。

営業の方なら、

「売れる！　売れる！　まだまだ売れる！」

「とれる！　とれる！　必ずとれる！」

など、さまざまなアレンジができます。

不安を抱えている、つまり心がこわばっている状態や、気持ちが盛り上がっていない状態、すなわち心が冷めた状態では、せっかく鍛《きた》えた身体や磨いた技を100%出し切ることはできません。

不安があるために、心にブレーキをかけたり集中力が欠如《けつじょ》したりすると、ミスやトラブルにつながることもあるでしょう。

つぶやきを活用して、どんなときも心を整えられる自分をつくっていきましょう。

つぶやきのヒント

「できる！　できる！　まだまだできる」

「じっくりと取り組もう」

心の中の言い分に耳を傾けてあげる

ここまでスポーツ少年の例を多くあげてきましたが、これはスポーツに限ったことではなく、子育てやビジネスの世界においても共通する原理・原則です。

家庭でも仕事でも、

「何を考えているの？」「もっと考えて行動しなさい！」

という声はよく耳にします。

発言者にとっては、相手の行動を正すための「叱咤」のつもりなのでしょう。

しかし多くの場合この言葉は、前述のスポーツ少年のように「心に傷」を残す危険性がある言葉です。

そしてこれは、相手を見下し、「相手はできない」という前提に立っているために出てくる言葉でもあります。

「自分との対話」で何が見えてくる？

人が行動するとき、必ず何かを考えて行動しているはずです。少々行動が軽率なこともあるかもしれませんが、考えて行動していても逆の結果を招くこともあります。

そうすると、「自分なりにちゃんと考えてやったのに、結果がともなわなかった」という心の中の言い分が、次の行動に対して「心のブレーキ」として働き、「積極的な行動」「自発的な行動」を抑止してしまいます。

「自分の考えで行動してミスをしたら怒られる」から「独断で行動してはいけない」と、自分自身に対する「禁止令」を発してしまうのです。

禁止令とは、「○○してはいけない」という禁止の命令のことで、子どもの頃に親や教師などから繰り返し否定的・禁止的な命令を受けることで、大人になってからも無意識のうちに自分の行動や思考を制限してしまうものです。

たとえば野球なら、ランナーを次の塁に進めるバントのサインを無視してホームランを打つと叱られるため、「指示以外のことはしない」という禁止令を自らに発し、指示どおりのプレイしかしなくなってしまいます。積極的なとっさの判断のファインプレイはできなくなると言えるでしょう。

まずは自分がなぜこのような行動をとったのか、「こうだと思ったからこうした」という心の中の言い分に耳を傾けてあげましょう。

「何をしようとして、このような行動をとったんだい？」
「何が原因でこのミスが起こったんだと思う？」

と、自分に問いかけてみてください。そこから再発防止の対策を考えてみましょう。

大切なのは、「どうしてこんなことをしてしまったんだ」「どうして失敗したんだ」という過去についての否定的な質問や、「お前は負けたいのか？」といった、答えに困るようなクローズド・クエスチョンではなく、「何をしようとしていたのか」という肯定的な聞き方や、「どうすればいいと思うか」という未来についての質問、思っていることを自由に答えられるオープン・クエスチョンで問いかけることです。

人は失敗から多くのことを学びます。積極的に行動して結果的に失敗してしまった場合、その「積極的な姿勢」をも否定してしまっては、改善や新たな挑戦にはつながりません。失敗した事実を受けとめてその「原因」に目を向けることが重要です。

「いい勉強になった」
「いい経験になった」
「いい教訓になった」

と、失敗を前向きにとらえることが重要なのです。

かつて史上最高のバスケットボール選手と評されたマイケル・ジョーダンが出演したナイキのCMにこんなものがありました。

「プロでミスしたシュート9000本、負けた試合300回、ウィニングショットを外した数26回。今までミスしてきた。何度も、何度も、何度も──だから、俺は成功した」

目の前の失敗は、人生の失敗ではありません。失敗から学んでこそ、夢を叶えることができるのです。

つぶやきのヒント
「次は同じ失敗をしないで済むぞ」
「また一つレベルアップしたなぁ」

「童心力」を磨いてみる

幕末期に松下村塾《しょうかそんじゅく》を主宰《しゅさい》し、その後の明治維新《いしん》で活躍する多くの人材を輩出《はいしゅつ》した吉田松陰《しょういん》は、

「夢なき者に理想なし、理想なき者に計画なし、計画なき者に実行なし、実行なき者に成功なし。故《ゆえ》に、夢なき者に成功なし」

という教えを遺《のこ》しています。

明治維新とその後の日本を拓《ひら》いた多くの政治家や総理大臣、大学の創立者を輩出した私塾が、青年たちにこう教えていたのですから、今の私たちにも通じる教訓だ

と思います。

また、江戸時代中期の米沢藩の藩主で、知将として知られる上杉鷹山《ようざん》は、「成《な》せばなる 成さねばならぬ 何事も 成らぬは人の 成さぬ成《なり》けり」と、「できない」「不可能」というのは「やらないだけ」にすぎないという名言を遺しています。

子どもにも大人にも、人間には「未知の可能性」があります。できるはずのことを「やらない」のは、「やろうとしない」思考習慣を身につけてしまうからにすぎません。

小さい子どもは大人に比べて知識がありません。だから「知りたい」「学びたい」欲求、つまり「知的好奇心」は大人よりもはるかに旺盛《おうせい》です。だから「何?」「なぜ?」「何で?」と疑問符を大人に投げかけてくるのです。

その一つひとつに丁寧に答えることで、学ぶ姿勢や覚える姿勢、考える力、想像する力が養われます。

ときとして子どもは、大人にとって解答不能でやっかいな質問を投げかけてきます。

「どうしてお月さまは、歩いても歩いてもついてくるの？」
「どうしてお月さまは丸いの？」

古典的な質問ですが、今、あなたが子どもに聞かれたら何と答えますか？

そもそも、子どもにわかりやすく答えられますか？

子どもは不思議に思ったことを知りたいだけではなく、話をしたい、話を聴きたいという欲求を満たしたがっています。「お月さまがついてくる理由を知りたい」「どうして月が丸いのか知りたい」と、それを知ってどうしようという明確な目的を持っているわけではありません。

しかし、だからといって、答えることを拒絶すると、好奇心や探究心を失い、人の話を聴かない、人とのコミュニケーションをとろうとしない、最悪の場合は他人を信用しない子どもに育つ危険性があります。

たとえば子どもの「なぜ」「どうして」にあなたが答えられなかったとき、

「そんなことママは知らない。パパに聞きなさい」

と答えるのと、

「それはママにもわからないから、パパが帰ってきたら、一緒に聞いてみようね」

と答えるのでは天地雲泥《てんちうんでい》の差があります。

もしあなたが父親であれば、たとえその質問に対して答えられる知識がなくても、子どもの知的好奇心をはねのけるのではなく、

「パパも知らないから、一緒に調べてみようね」

と、一緒に調べることによって、父親の威厳《いげん》を失うことなく、子どもの知的好奇心を満足させることができます。さらに、調べる習慣＝学習という行為や読書の習慣を身につけるキッカケをつくることにもなるのです。

知的好奇心を満足させてあげることが、脳の発達だけではなく、その子の能力開発、ひいては人生を切り拓く力へと変わっていくのです。

一方、「そんなことわからない」「知らない」「知らなくてもいい」と軽くあしらってしまうと、知的好奇心だけではなく向学心も奪ってしまいます。

そして、空想力や想像力を身につけないまま大人になってしまうと、「創造力」「想像力」を生み出す脳も育ちません。

また、子どもの「夢実現」への欲求や願望に対して「無理」「ムダ」「できっこない」「あきらめなさい」という言葉を発すると、「目標」や「理想」に向かって努力する思考を持たない大人になってしまうのです。

自分の未来を予言してみると……

企業の創業者やオーナーの方々とお会いして話を伺うと、意外にもその多くの方が「子どものような夢」を語られます。

ビジネスという現実社会の荒波にもまれ、厳しさを体感して会社を成長させてこ

られた方が、

「こんなことが実現できたら世の中はもっと便利になる」

「これができたらお客様はもっと喜ぶ」

「私が生きているうちに必ずこれを実現させてみせる」

と、まるで子どもが、

「サッカー選手になってワールドカップに出る」

と語るかのごとく、喜々として「夢」を語るのです。

しかし、そこには純粋な「夢を叶える」という思いと「絶対にやってみせる」「必ずできる」という確信が感じられます。

ビジネスの最先端にいる人にとっても「これをやってみたい」という好奇心、いわば「童心力《どうしんりょく》」が、継続的繁栄や新しい挑戦へのバイタリティーの源《みなもと》なのでしょう。

1961年、アメリカのケネディ大統領は、

「10年以内に月に人を着陸させる」

「これからの自分」をリアルに思い描く

と言い、1969年にそれを実現させました。

CDやMDしかなかった時代、アップルの創業者スティーブ・ジョブズは、

「1000曲をポケットに」

と言い、初代iPodを発表しました。

こうした人たちは自ら「無理」「ムダ」などと否定的な単語は口にしません。部下からの「無理」「不可能」という発言にも可能性を見出し、指導にも「無理」「不可能」という可能性や成長の機会を奪う言葉を使わない努力が感じられます。

彼らにとって、**「できる」「必ずできる」「必ずやってみせる」**という自己暗示にも近い「自己宣言」や「自己実現予言」「夢実現予言」が、好奇心や夢を実現させる力になっているのでしょう。

自分の未来を自分で予言してみてください。そして、それをつぶやいてみましょう。

1カ月後、1年後、5年後、10年後……。予言できるということは、未来を思い描けるということ。叶えられる可能性は、決して低くありません。

つぶやきのヒント

「私ならできる!」

「私には、チャレンジする勇気がある」

たとえば、「身体が硬い」は「バネがある」に

苦手なことを指摘されるのは、誰にとってもうれしいことではありません。苦手を克服するためには、地道な努力を続ける必要がありますが、得意でないことへの「ヤル気」はそんなに持続できるものではないでしょう。

自分でもわかっているけれど、なかなか克服できないことを指摘されると、「わかってるよ！」と反発心が湧き、努力する気力が失せてしまうかもしれません。

たとえば、「お前は身体が硬いな」と言われてうれしいスポーツ選手はいません。

チームメイトから「〇〇君は、身体が硬いね！」と言われてイヤな思いをするのを避けるため、プライドの高い選手は人前でストレッチをしなくなることがあります。

その結果、さらに硬くなるという悪循環に陥ってしまうのです。

一般的にアスリートにとって、身体が硬いことはあまりよいことではありません。ですが、私は選手にこんな話をしたことがあります。

「強いバネってさ、曲げるにはものすごく力がいるけど、手を離すとものすごいスピードとパワーで跳ね返ってくるよね。何もしなくてもバネや瞬発力があって、小さい頃から走るのが速かった子がいるでしょ。君もそうだったんじゃない？」

「逆に何の努力もしなくても身体がとっても柔らかい子もいるよね。彼らと比較することはないんだよ。彼らには、バネをつけるためのトレーニングが必要、そして君には競技力を発揮しケガを予防するためのストレッチングが必要なんだよ。君が持っている素晴らしい高性能スプリングのパワーを発揮するためにもね」

褒められてうれしそうではありますが、まだ怪訝《けげん》な顔をしています。

「つまりね、君は身体が硬いのではなく、ちょっと筋肉が短いだけ。その分、筋肉が強いんだ。だから小さな動きで大きなパワーを生み出すことができる、素晴らしい筋肉なんだよ。だから、誰に何と言われようが気にしないでストレッチングしよう。そのバネにしなやかさが加わったら鬼に金棒だよ！　君は、世界一になれるかも！」

苦手なことは「改善したら最高なこと」

自分の思う、自分の短所はどんなところですか？

その短所を「ちょっと△△なだけ」と考えてみるのはいかがでしょうか。

短所は、自分の欠点、克服しなければならないものではなく、「もしも改善できたら素晴らしいこと」「できたらすごいこと」なのです。たとえば、**「自分はちょっとそそっかしいだけ。いろいろなことに意識が向くことで斬新《ざんしん》なアイデアが湧くという利点がある。そそっかしさをカバーするために『もう1回見直す』習慣ができたら、今よりもっと力が発揮できるぞ」**など。見て見ぬふりするのではなく、一つの特徴としてとらえる。そして、そこをカバーする方法、長所を伸ばす方法を考えてみると、短所も個性の一つだととらえられるようになるかもしれません。

つぶやきのヒント

「自分はちょっと△△なだけ。さらに○○をしたら最高の自分になれる」

コンプレックスが吹き飛んでしまう言い方

前述した吉田松陰は、弟子たちに対して常日頃から次のように訴え続けていたそうです。

「(自分の欠点と長所を述べさせて)欠点には触れるな、よいと思うところを伸ばせ」

「他人の悪いところは見るな、よいところを見ろ」

「何でも『よい』と思え」

誰しも褒められればうれしくなります。また、**自分が欠点だと思っていたことを**

評価されると、自分がコンプレックスに感じていたことが吹き飛んでしまいますから不思議なものです。

たとえば、太り気味なのを気にしている人が、痩せている人から「健康的でうらやましい」と言われると、「細い人には細い人の悩みがある」と知ることができます。また異性から「健康的で素敵ですね」と言われると、それまで、好き嫌いなく食べて、それをしっかり栄養にしてしまう太りやすい体質が疎《うと》ましかったのに、何でも食べられることの喜びに気づいたり感謝したりするキッカケになります。

その特性を「別の型」にあてはめてみる

心理療法やコーチングでは「リフレーミング」と呼ばれる、物事のとらえ方の「枠組み」をいったんはずして、「別の枠組み」で見直してみる思考法があります。

たとえば、「短気」という欠点は、「決断が早い」というポジティブな特徴に置き換えられます。

逆に、「のろま」という欠点は「慎重派」という長所としてとらえることができます。「ずる賢い」というちょっと感じの悪い表現も、「機転が利く」「頭の回転が速い」と言われると爽やかに聴こえますし、たとえ「しつこい」と言われたとしても「粘り強い」と枠組みを変えれば情熱的な感じがします。

ヤル気を引き出し、前向きに行動するためには、このリフレーミング（とらえ方変換）を活用して、**新しい見方、新しい解釈で、心の中にある「わだかまり」や「しこり」などの思い込みを取り除くこと**が大事です。

110ページの例のように、自分の苦手なこと、短所だと思うことを、ポジティブに言い換えてみてください。その言葉を「自分は○○だ」とつぶやくだけで、本当に長所に思えてくるようになるでしょう。

つぶやきのヒント

「自分にはいいところがたくさんある」

「自分は（優柔不断ではなく）慎重派（※短所を長所に言い換えて言葉にする）」

短所の例	ポジティブ変換の例
せっかち	決断が早い、迅速に対応できる
頑固	芯が強い、自分の信念がある
心配性	慎重派、計画性がある
マイペース	おおらか、まわりに流されない
人見知り	時間をかけて深い人間関係を築く
面倒くさがり	効率的、小さなことを気にしない
視野が狭い	集中力がある、深く掘り下げる
神経質	感受性が強い、気くばりができる
おせっかい	相手のことを考えて行動できる
理屈っぽい	論理的に考える、説得力がある
ケチ	堅実、予算管理ができる
お調子者	明るい、その場を盛り上げられる
自信がない	謙虚、自分をしっかり見つめられる
八方美人	協調性がある、順応力が高い
真面目すぎる	誠実、コツコツと取り組める
図々しい	積極的、人の懐に入るのがうまい

長所・短所は裏表。とらえ方次第で180度変わる!

「すぐに言い訳が浮かぶクセ」は直せる

ヤル気が出てこないとき、そこには必ず何らかの原因があります。その原因を突き止めて取り去ることが、気持ちを前向きにするための一番の方法です。

しかし多くの場合、ヤル気がなかったり、出なかったりする原因を曖昧《あいまい》にとらえ、自分にあれこれ言い訳をし、やらなくて済む理由をつくってしまっていることが多いのではないでしょうか。

「だって、仕事で疲れているから」
「どうせ、自分は昔からこうだから」

「でも、きっと家族に反対されるだろうし」など、「だって」「どうせ」「でも」などの言葉をつけて、自分に言い訳をしていませんか？

ことわざに「木を見て森を見ず」という、小さなことにとらわれて大事なことを見失っていることを表わすたとえがありますが、ヤル気が出ない、気分が乗らない、つい言い訳をしてしまう原因の一つに自分の視界が狭《せば》まっていることがあげられます。

素晴らしい能力を持っているにもかかわらず、小さな「あら」を大きな問題としてとらえ、自信を失っている人がいます。

たとえば会社で、上司の指示で書類をつくったとします。書類の出来は完璧だったにもかかわらず、その書類を留めていたクリップの位置を注意されたことで、すべてを否定されたように受け取ってしまうことがあるかもしれません。

「どうすればできるだろう」とつぶやく

すると、「自分にはいい書類をつくることができないのだ」と自信を失い、「がんばっても意味がない」「もう書類をつくりたくない」とヤル気を失ってしまうのです。

ポジティブ心理学の父と言われるマーティン・セリグマン博士が言った言葉ですが、小さなダメ出しやあら探しをされてヤル気をなくすことを「学習性無力感」といいます。昔は、「ABCどれがいい？」と聞いておきながら、どれを答えてもダメだという上司や、「負けたら走らせるぞ」と言っておきながら、勝っても走らせる監督など、相手に「何をしてもムダだ」と思わせる指導者が多くいました。

「キッカケ」の探し方

こんなときには、**物事のどの部分に焦点を当てて見るかという「視点」や、物事をどの範囲で見るかという「視野」、物事をどこから見るか、どの立場で見るかという「視座《しざ》」を変えてみる**と、案外すっきりすることがあります。

上司の言動は変えられないかもしれませんが、「ご指摘ありがとうございます。以後気をつけます」と伝えたうえで、「内容面はいかがでしたか？」と聞いて「視点」を変えてみることも一つです。

また、幅広い仕事がある中で、書類のクリップを留める作業はほんのささいなことにすぎないと「視野」を広げて見たり、上司の立場に立って「細かいところまで気を抜かないことが大事だ」ということを教えてくれていたのかなと「視座」を変えてとらえたり……といったことができるでしょう。

つまり「やらないことの言い訳」を探すのではなく、もっとポジティブに「やるためのキッカケ」「成功するための要因」「結果を出せる根拠」を探すのです。

凹《へこ》んでいても跳ね返せるような心の回復力を「レジリエンス」と言います。マイナス思考のループに陥っているときは、視野が狭くなってしまいがちです。

「では、どうすればできるかな」

と、つぶやいてみましょう。すると、「物事をいろいろな視点で見よう」と気づくことができます。それが、しなやかな、折れない心をつくることに役立つのです。

つぶやきのヒント

「もっと多方向から考えてみよう」

「自分にとって本当に大切なことを見極めよう」

コラム3

自分に「レッテル」を貼っていませんか

「自分はどうせ〇〇だから」「あの人のように恵まれているわけじゃないから」と、自分の環境や受けてきた教育、その中で得た経験から、ついつい自分にネガティブなレッテルを貼ってしまうことはありませんか？

「自分は〇〇だ」というネガティブなレッテルは、頭の中で何度も繰り返すことが多く、それがそのまま自分の人格になってしまうことがあります。

ネガティブなレッテルを貼っておけば、いざ失敗したときに「ほら、やっぱり自分は〇〇だから」と考えることができます。そうやって安心感を得ているわけですが、それを繰り返すことにより、自分へのネガティブな思い込みは強化されていきます。

しかし、そんな思い込みは、自己暗示によって書き換えることができます。

フランスの薬剤師エミール・クーエは、自己暗示による治療法を開発しました。彼は著書の中で、自己暗示は「ある（好ましい）考えを潜在意識に伝え、それを現実化してもらう手法」と述べました。

エミール・クーエは自己暗示によって患者を治療し、長年、何をしても治らなかった病気を次々と治したそうです。

自己暗示が潜在意識に届きやすいのは、寝ているときと起きているときの間、つまり**「寝る前」や「起きる前」のウトウトとしているとき**です。潜在意識は生まれてから死ぬまでずっと働いていますが、顕在意識（ふだん自覚している意識）が働くのは起きているときだけ。そのため、寝る前、最後に言う言葉がとても大切です。寝る直前にネガティブなことを言っていると、寝ている間、人によって7〜8時間もずっとその言葉が潜在意識の中で繰り返されています。

子どもの頃の運動会や遠足など、楽しみなことがあると目覚ましがなる前にパッと起きられるということがあると思います。それは、寝る前に「○時に起きよう」と頭の中でつぶやいているから。反対に、「私は目覚ましを5個かけても起きられないんです」と言っている人は、潜在意識にそう宣言し、目覚ましを5個かけるという行動をとって、「起きない」と決めているから。そのため、目覚ましが鳴っても1つめ、2つめ……と音を止めて、「起きられない」を現実にしてしまっているのです。

寝る前の **「スリープ・ペップトーク」** をぜひ実践してみてください。ポジティブな自己暗示をつぶやくことで、自分への意識が変わってくるでしょう。

「自分は大事なときにミスをしてしまうタイプ」と思い込んでいるなら、「自分は大事なときに頼りになるタイプ」と。

「自分は平凡で、いいアイデアが浮かばない」と思い込んでいるなら、「自分は個性的で、斬新なアイデアがどんどん浮かんでくる」と。

あなたはどんな言葉で自己暗示をかけますか？

4章

「これがやりたかった！」が実現する「つぶやき」

「プライド」との上手なつき合い方

「プライドが高い」という表現は、あまりよい意味に使われないようですが、だからと言ってプライドが不要なものとは思いません。

プライドをむやみに誇示《こじ》することがコミュニケーションのジャマになることはあります。でも、**プライドを持つこと自体は、自己の持っている能力を高めることや、心を成長させるために絶対に必要なもの**だと思うのです。

「プライド＝誇り」であるならば、プライドは自分が大切にしているもの。自信を持ち、向上心を持って物事に取り組むためには必要なものです。

自分が一生懸命取り組んでいる物事に対するプライドがあるからこそ、努力することができます。思うような結果が出ないとき、うまくいかないときなど、プライドが苦難を乗り越える強い精神力となり、プラスの循環を生むのです。

競争もときには必要

中学野球（シニアリーグ）のあるチームの練習を見ていたときのことです。

野球のシニアリーグは学校の部活とは別に、地域ごとに硬式野球の任意のチームが参加して形成されています。

チームメンバーは、学校の部活の軟式野球では物足りない実力があり、小学校時代にはキャプテンやエースで4番打者といったツワモノばかり。いわば野球のエリート集団です。

3月に小学校を卒業したばかりの野球少年たち。まだ硬球にも小学校の軟式野球より広いグラウンドにも慣れていない状況の中で、ノックを受けながらコーチからの罵声《ばせい》を浴びています。

「小学校で何を習ってきたんだ！」

「それでもエースだったのか！」

そんなとき、中には、

「何くそ！　負けるもんか！」

と反骨精神をむき出しにしてがんばる子もいることでしょう。

しかし「小学校で何を習ってきたんだ！」と言われると、

「自分はいったい今まで何をやってきたのだろう」

と自問自答して落ち込む子もいれば、自分に野球を教えてくれた大好きな小学校の指導者を否定されたように受けとめ、自分の人生まで否定されたように感じる子もいます。

たしかにプライドを刺激することはヤル気を引き出す有効な手段の一つです。

自分自身でも「自分は今まで何をやってきたのだろう」「このままではダメだ」と否定することで、ヤル気が湧いてくることもあります。

しかし、刺激の仕方を間違えると、心を傷つけ、それが原因でヤル気を失ったり、自分の現在や過去を否定してしまったりする原因にもなるのです。

一方、小学校の運動会の徒競走などで順位がつくことは不公平、運動が不得意な子に劣等感《れっとうかん》を抱かせる、イジメの原因をつくる……などの理由から、「がんばったからみんな一等賞」などと順位を明確にしない傾向があるそうです。

しかし、競争は人を強くするプロセスとして必要であり、重要だと私は思っています。評価・採点して現時点での立ち位置を知ったうえでの具体的（客観的）な目標設定は絶対に不可欠です。

これはスポーツに限ったことではなく、何かに一生懸命取り組んでいる人たちには共通することです。ピアノでもヴァイオリンでもコンクールがあるからこそ技を磨くのであり、音楽を愛し楽器の演奏を楽しむからこそ頂点を目指したい、これだけは他の人に負けたくないという気持ちが、相乗効果として精神も鍛えると確信しています。

つまり、プライドとはこれだけは誰にも負けない、勝ちたいという自分自身の存在意義や存在主張であり、どんなに小さなことでも、その人が自分の人生の宝としているものの表われだと思うのです。

プライドのない人は自己向上心のない人であり、「みんな一等賞」は「勝つことの喜びや負けることのつらさを知らない、向上心のない人間を生むしくみ」にしか見えません。

徒競走で負けたなら、「次は絶対に勝つ」と負けん気で徒競走の練習に励んでも、「徒競走では負けても、持久走なら絶対に勝つ」でもいいでしょう。「スポーツでは勝てなくても、勉強なら絶対に負けない」「音楽では誰にも負けない」という「反骨精神」が、必ずその人の個性と才能を磨くに違いありません。

その際、**「私は負けず嫌いだ」と思うより、「私は勝ち好きだ」と思ってみてください。**「負ける」「嫌い」というネガティブな言葉より、「勝つ」「好き」というポジティブな言葉のほうが気持ちを高めてくれます。

人は誰でも負けず嫌いです。でも、がんばってがんばって、力を出し切って、勝てたときには一緒に戦ってくれた相手に「ありがとう」が言える。負けてしまったときには、相手に「おめでとう」と言える。それが、「勝ち好き」です。

ライバルや目標を設定して、負けないため、目標を達成するためにがんばることは効果的です。

でも、自分の力がまだまだ足りていないことを実感してプライドが傷ついたときに立ち直る力を備えておきたいですね。

そのために、つぶやきの力を借りてみましょう。

「今まで何をやってきたんだろう」「全部ムダだったのではないか」とプライドがゆらいでしまったときは、これまで努力してきたこと、結果を出してきたことを思い出して、つぶやいてみてください。

イヤなことは忘れる、できることに集中する、勝ち好きを目指す。

これが、折れない心をつくります。

つぶやきのヒント

「今取り組んでいる△△に誇りを持っています」

「私は、○○することが得意です」

言葉の奥にある「本当の感情」は何？

誰でも、自分の発言を否定されたら腹が立ちますし、言われた相手によっては自信を失ってしまうでしょう。

たとえば、**「10年早い」**と突き放されたとしたら……。

「何か意見はないか」と発言を求められたから意見を述べたのに「10年早い」。

たとえ目上であっても、態度を改めてほしいからさりげなく注意を促したら「10年早い」。

新しいことに積極的にチャレンジしようとしたら「10年早い」。

何か要望を出そうとしたら「10年早い」。

このように「10年早い」という返答は、相手の発言意欲を奪う言葉です。しかし、言葉、特に日本語は不思議な言語で、ちょっとしたニュアンスの違いで同じ言葉をプラスの言葉に変えてしまうこともあります。


私にはアスレティック・トレーナー以外に、もう一つの顔があります。それはストレッチポールというツールを使って体幹を整える「コアコンディショニング」という手法と考え方を全国に広める普及協会の会長職です。

「ストレッチポール」というツールの名前を耳にしたり目にされたりしたことがあるでしょうか?

私が、この「コアコンディショニング」という概念をスポーツの現場から発信し、「ストレッチポール」を活用して一般家庭での健康増進に役立てたいというアイデアを口にしたとき、ある人に、

「岩﨑、10年早い」

と言われて、一瞬、頭が真っ白になりました。

しかし、その方は、

「今の日本人の意識には10年早いかもしれない。でも、こういった正しい理念に基づく正しいツールを開発、進化させて、人から認知されるには10年かかるものなんだ。だから、市場の意識が追いつくのにちょうどいいんだ。10年あきらめずに辛抱《しんぼう》して、コツコツ続けることが大切だよ」

と話してくださいました。

誰にでも宝物のような言葉がある

思えば「10年早い」の裏に隠された真意を教えていただき、そのことを理解して「10年がんばる」と心に誓ったときに、この活動の成功が約束されたのかもしれません。

もちろん、険《けわ》しい道のりではありましたが、私にとって「ヤル気を引き出してくれた一言」であったことに間違いありません。

他の人が使ったら「意欲を奪う言葉」になってしまうフレーズでも、**その言葉に込められた「愛情」と「真意」をきちんと伝える**ことができれば、それは相手にとって最高の言葉になることもあるのです。

誰かから言われて、うれしかった言葉、忘れられない言葉はありますか？　その言葉は、あなたのヤル気を引き出し、自信をつけてくれる言葉です。ふとしたときにつぶやいて、勇気をもらってください。

つぶやきのヒント

「大切な人、大切なものを守ろう」

「愛とは、人の心を受け入れること」

「なりたい自分」に制限をかけていませんか

「ペップトーク」の普及活動を始めてから、スポーツに限らず、一般企業や学校、保護者の方々などを対象に全国で研修や講演をする機会が増えました。

そうした活動の中で私が驚いたのは、「夢を持つ」ことに否定的な大人や「夢」という単語を拒絶したり反感を持ったりと、否定的な反応を示す大人の方々がかなりいらっしゃることです。

「夢」を拒絶する方々は共通して、

「夢は叶わないから夢」

「非現実的な妄想」

といった否定的な解釈を持っており、中には、

「期待すると裏切られるから高望みはするな」

と親に言われ続けてきた方もいらっしゃいました。


私はアスレティック・トレーナーという職業柄、数多くのプロスポーツ選手やオリンピック、世界大会といった頂点の競技会に出場する選手と接してきました。

私が直接、身体のケアを担当させていただいた選手には、オリンピックで金メダルを獲得された選手もいます。「夢」を持ち、「夢」を追い、「夢」を実現させたアスリートがたくさんいるのです。

「夢」を持ち、「夢」を叶えることを当たり前に実践している人の集団の中にいるのですから、「夢」を否定する人がいるという現実に驚きました。


夢を実現させた選手たちは、何か特別な環境に恵まれていたわけではありません。

多くの選手はごく一般の家庭で生まれ育っています。必ずしも、親が裕福だったり、親がアスリートだったりするわけではないのです。

一つだけ共通しているのは、**「夢」に対して肯定的であり、「夢を持ち、目標を立て、ゴールを目指す人生」こそ素晴らしいと信じ、子どもが「夢」を叶えることを心から応援する家庭環境に育った**ことです。

たとえば、子どもに「将来何になりたいの?」と聞いておきながら「医者」と答えれば「そうかがんばれよ」と応援するのに、「サッカー選手になってワールドカップに出るんだ!」と答えると「そんなの無理」「バカなこと言ってるんじゃない」と矛盾《むじゅん》した反応が返ってくる。

女の子であれば「学校の先生か看護師さん」と答えれば「うん、きっとなれるよ」と応援するのに、「アイドル歌手」と言った瞬間に「世の中、そんなに甘くない」と否定されてしまう。

子どもにとっては、どちらも実現の可能性がある「夢」なのですから、否定されることが理解できません。

子どもの夢を否定してしまう大人は、もしかしたら自分自身が最後まで夢を追い切れず、「夢破れてしまった」ために「夢を追うことはむなしい」と思っているのかもしれません。

もしくは、その大人もまた夢を追うことを制限された環境に育ってきたために、夢を追うことを否定し、これまで困難に立ち向かう努力をした経験がないのかもしれません。

どちらにしても、相手が大人であれ子どもであれ、**「挑戦意欲がある人には無限の可能性がある」**ことを知らずに、あくまで自分の物指しで相手を推《お》し量《はか》ろうとしているのです。成功と失敗の共通点は、「挑戦したこと」。挑戦しなければ、成功も失敗もありません。

2022年の夏の甲子園で、優勝した仙台育英学園高等学校の須江航《すえわたる》監督の言葉に、

「全国の高校生に拍手を送ってやってほしい」

というものがありました。全国で３５４７チームが参加し、優勝チーム以外は、みなどこかで負けています。決勝で負けたチームもあれば、県大会の１回戦で負けたチームもある。でも、全チームが挑戦したことには違いありません。

監督のメッセージに、挑戦することの大切さを改めて感じさせられました。

「夢を持つこと」をすっかり忘れてしまったという人も、夢についてもう一度考えてみませんか。

「自分の人生はこんなものだ」とあきらめてしまうと、人は成長を止めてしまうものです。

どんな自分なら好きになれる？

夢を叶えられる人と、叶えられない人の違いは、「叶う」と信じて、具体的に行動しているかどうかです。

たとえば、「今の自分が好きではない」という場合、どんな自分なら好きになれますか？

社内で営業成績ナンバーワンの自分、好きなことで起業している自分、憧《あこが》れの俳優のようにかっこいい自分……。

それなら、「好きな自分になってみよう」と、考えてみてはいかがでしょうか。

そのためにできることはたくさんあるはずです。

笑顔でいる、背筋を伸ばす、髪型を変えてみるなど……。どんなに小さなことでもいいのです。


「私の夢は○○だ」

と、つぶやいてみてください。

つぶやくことで、心に灯《ひ》がともるような、ワクワクしてくるような気持ちになってきませんか？

65歳でフライドチキンのレシピの営業を始めた、ケンタッキーフライドチキンの創業者、カーネル・サンダースは、1009回断られても、1010回目で契約を獲得するまであきらめませんでした。

ちなみに、マクドナルドの創業者レイ・クロックは、52歳で起業しました。そこから世界へ店舗を広げていったのです。

人は何歳からでも、夢を追いかけることができるのです。

つぶやきのヒント

「私の夢は○○です」

「やってやれないことはない」

いざというときに迷わないために

以前、知人の息子さんの中学生K君が出場した硬式野球シニアリーグ新人戦の応援に行ったときに、こんな光景を目の当たりにしました。

K君は小学校時代に軟式野球チームの副キャプテンを務め、投手・捕手・三塁手をこなし、身体は小さいけれど3番や4番というチームの中心打者を務める多才な子どもです。

しかし、中学生のシニアリーグは学校の部活と違い、小学校時代にキャプテンや

4番打者でエースといった子どもたちが集まっているので、K君はその中では決して目立つ存在ではありません。

春先のまだ硬式ボールに触り始めたばかりの時期の新人戦。どのチームも全員に硬式野球の楽しさを覚えさせ、親御さんにも楽しさや安心感を与えるといったイベント的な趣《おもむき》もあり、K君にも出場機会がありました。

K君が三塁の守備についた試合の中盤、フォアボールでランナーが出てノーアウト一塁という場面でした。相手チームの送りバントが小さなフライとなってK君の前に。K君は果敢に飛び込んで見事なダイビングキャッチ！　しかし、立ちあがって一塁に送球したものの、帰塁するランナーを刺すことはできず、ダブルプレイにはなりませんでした。

K君のお父さんと、ガッツあるプレイを褒めながら「ちょっと残念でしたね」と談笑していたときのことです。コーチの罵声が耳に飛び込んできました。

「何だ、あのプレイは？　もっと考えてプレイしろ！」

ベンチに帰ったK君がコーチに怒鳴られています。

怪訝な顔をして返事もできないK君に、コーチはたたみかけます。

「ダイビングして取れたからいいようなものの、取れなかったら一、二塁ともオール・セーフなんだぞ。ワンバウンドで処理してもダブルプレイにできる可能性はあったじゃないか！」

まさしく、おっしゃるとおりです。コーチの指導は間違っていません。しかし、K君の選択も決して間違いではないはずです。

〝ホットコーナー〟と呼ばれる野球で最も強い打球が飛んでくる三塁手というポジションで、まだ硬式野球を始めたばかりの子どもが、とっさの判断で打球に飛び込み、ダイビングキャッチを成功させたのです。私自身も野球の経験があるので、K君のその勇気を褒めたたえたい心境でした。

「よくやった！」

私だったら、まずその場でK君のその勇気を褒めます。そして、

「ワンバウンドで処理をしてダブルプレイを狙うという選択肢もあるんだよ」

と、別の機会に教え、その練習をさせます。

今、プレイの是非《ぜひ》を正すことよりも、その子の素質や前向きに取り組む気持ち、勇気あるプレイで打球に挑戦する気持ちを伸ばすことを優先するのが重要な時期もあるからです。

言葉で負った心の傷

この話には後日談があります。

夏の厳しい合宿を乗り越え、秋に差しかかったころ、K君は三塁の守備練習中にコーチのノックしたゴロの打球を顔面に受けて失神し、病院に担《かつ》ぎ込まれました。

検査の結果、脳に異常はありませんでしたが、昏睡《こんすい》状態から目覚めたのは翌日でした。コーチの打球がイレギュラーバウンドしての、顔面直撃でした。ゴロの打球がイレギュラーバウンドするのはよくあることです。しかし、バウンドが大きく変わる前にショートバウンドで捕球することでエラーや事故は防げます。でも、強い打球をショートバウンドで捕球するには、前に飛び出す勇気が必要です。

結果論ですから、因果関係はわかりません。

でも、以前の新人戦のときに、ダイビングキャッチをしたことをコーチが褒めてくれていたら、彼は前に飛び出す勇気を持ち続けて、事故は起こらなかったかもしれません。


アスレティック・トレーナーの立場から言えることは、事故の原因の多くは選手自身の一瞬の「迷い」だということです。

「進むか止まるか」「飛び込むか下がるか」と迷った瞬間に心と身体が逆の動きをして、筋肉や関節に予想外の負荷がかかり、動作が遅れたり故障の原因となったりします。

K君にも同じことが言えると思います。コーチから飛び込むことをとがめられたことが、一瞬の迷いを生んだ可能性があります。前に出てショートバウンドでさば

自分を責めるつぶやきはNG

くのか、下がって落ち着いて処理するのか。その迷いによる動作の遅れが事故につながった可能性が考えられるのです。

積極果敢に物事に挑戦する意欲や前向きな気持ちを、事故が起こったあとで取り戻すのはとても困難です。事故やケガの経験は、心を萎縮《いしゅく》させてしまいます。

そもそも積極果敢なプレイと消極的なプレイでは、前者のほうが事故は起こりにくく、たとえ事故が起こっても心に傷は残りません。しかし、後者は立ち直れないくらいの深い傷を心に残してしまうこともあります。

K君の例から私が伝えたいのは、たとえ失敗してしまったとしても、「思い切ってやった自分」「精一杯やった自分」を責めないでほしいということです。

自分に対して責めるような言葉を投げかけていると、とっさのときに迷いが生じて失敗を招いたり、迷ったときに消極的な判断をしてしまったりしがちです。

挑戦しなければ失敗することはありませんが、成功することもありません。

結果はもちろん大事ですが、挑戦すること、ベストを尽くすその過程に価値があるのです。

つぶやきのヒント

「ベストを尽くそう」

「小さな努力を重ねよう」

好奇心を取り戻すために

「夢は叶わないから夢」という人もいますが、「夢を追い続けるからこそ、人生が輝く」と私は思います。

相対性理論を唱えたアルベルト・アインシュタイン博士は子どもの頃から、「光速を超えて走ることができたら、その先には何が見えるのだろう」と不思議に思って考え続けていたそうです。

発明王と言われたトーマス・エジソンは、電球が点灯して実験が成功するまで「1万回の失敗をしたのだそうですね」と記者に問われ、

「私は失敗などしていない。1万通りの点灯しない方法を発見したのだ」
と答えています。

エジソンが「電気で明かりをともす器具をつくる」という夢を追い続けてきたからこそ、今、私たちが便利な生活を営むことができているのです。

陸上競技でも水泳でも、人間の能力ではこれ以上は無理と言われた記録の壁を打ち破る超人的な選手が現われます。

最初の一人は奇跡と言われますが、必ず二人目三人目が現われ、その記録はたびたび更新されていきます。

それは、アスリート本人はもちろん、選手を支えるスタッフ共通の「夢」であり、誰一人不可能だなんて思っていないからに違いありません。

「夢」はある意味「空想」に近い「絵《え》空事《そらごと》」であるかもしれません。しかし、それを**実現させようと信じて努力するか、ムダなこととあきらめるかで人生は変わります。**

半世紀以上前、昭和20年代から40年代にかけてマンガ家の手塚治虫さんが空想で描いていた未来社会は今、現実となっています。テレビ電話や多くの便利な家電機器、そしてロボットまで現実に近づいています。

私たち人間の「想像力」という他の動物にはない特殊な能力は、「創造力」という偉大な能力を生み出しています。その**「想像力」の源は、「好奇心」**です。

「宇宙の果てはどうなっているのだろう？」と考えた人は古代文明の時代からいました。天文学と哲学は古代から人間にとって崇高《すうこう》なロマンであり、学問の頂点に立つ人は必ずと言ってよいほど興味を持ち、取り組んでいます。彼らにとってまさに夢の学問だったのです。

その人たちが天文学を発達させ、さらなる好奇心は天体望遠鏡を生み、ロケットを開発し、宇宙ステーションという「マンガの世界」を現実化させました。

「鳥のように空を飛びたい」と思い、「飛行機」の設計図を書いたのはレオナルド・ダ・ヴィンチだけではありません。ライト兄弟が実験を成功させるまでの間に、何人もの人が空を飛ぶことを夢見て挑戦してきたのです。

新しいことを経験する効果

かつてNBA（北米のプロバスケットリーグ）で活躍したスパッド・ウェッブという選手がいました。

身長160センチ台の小柄な選手でしたが、オールスター戦のイベントとして開催されているスラムダンクコンテストで、1986年、身長2メートルの大男たちを制して優勝しています。

ジャンプ力に磨きをかけることで身長の低さをカバーし、ハンディキャップを克服した結果でした。

周囲から「その身長ではプロになるのは無理」と反対されたネガティブな言葉を、

「小さければ跳べばいい！」

「挑戦してみよう！」

というポジティブな言葉に変換したことから始まったのかもしれません。

ウェッブ選手にとって、プロバスケット選手になることは、決して「絵空事」ではなく、人生の「設計図」に組み込まれたことだったと言えるでしょう。

そしてその20年後、ネイト・ロビンソンという選手がスラムダンクコンテストで優勝しました。彼の身長は175センチ。しかも、ゴール下に立たせたスパッド・ウェッブを飛び越えてダンクを決めて見せました。小さくてもできる。彼らはそれを証明したのです。

みなさんの中には「毎日つまらない」と思っている方がいるかもしれません。

「毎日、職場と家の往復だけでつまらない」

「テレビを見てもつまらないと感じる」

「休みの日でも、とくにやることがない」

など……。以前はもっと楽しいことがあったのに、最近つまらないと感じているのなら、好奇心が枯れてしまっている証拠かもしれません。

そんな状態では、何かをやってみようという気力も、よりよくしていこうという向上心も生まれないでしょう。

そんなときには、「食べたことのないものを食べてみる」「入ったことのない店に入ってみる」など、新しいことを日常に取り入れてみてください。

そこで出合う新たな発見が、好奇心を思い出させてくれるはずです。

「毎日つまらない」と思っている人は、「いつもどおりでいいや」と新しいことを面倒くさがったり、「また今度でいいや」と先延ばしにしたりする傾向があります。

「行ってみよう」「やってみよう」と思ったことを、実際に言葉にしてつぶやいてみてください。どんなに小さなことでもいいのです。言葉が背中を押してくれるでしょう。

つぶやきのヒント

「挑戦するって楽しいなぁ」

「今度の休日に○○をやってみよう」

短く、強く、自分を励ます

インターンとして働いたオリンピックトレーニングセンターで、バレーボール全米女子代表チームをサポートしていたとき、私の心に響いた事件がありました。

オリンピック直後にベテラン選手が引退し、トライアウト（スキルテスト、試合形式のテストなど）中心で集まった新チームの東南アジア遠征中のことです。

どこの国に行っても〝銀メダルを獲得したばかり〟のアメリカのナショナルチームとして招待されていますから、メンバーが変わっていても相手チームは容赦《ようしゃ》しません。どうしても思ったような試合運びができず、連敗した時期がありました。

負けると選手たちは萎縮してしまいます。実はベテラン選手とともに監督も引退していました。アシスタントコーチが監督代行を務め、オリンピックのキャプテンがコーチを兼任していたのですが、自らもユニフォームを着て何とかしようと試行錯誤を繰り返していました。負けるはずのないアジアの国々に苦戦して何度も悔しい思いをしていました。

そんなある日、誰も予期していなかったことが起きたのです。

遠く東アジアへの遠征で精根《せいこん》尽き果てそうになったある日、何と試合会場にオリンピックで大活躍し世界のスーパーエースと言われたフロー・ハイマン選手とリタ・クロケット選手が現われたのです。何も聞いていなかった私たちは本当にびっくりしてしまいました。「どうしたの?」という若手選手たちの問いに、

「必要としていたでしょ」

と笑顔で答える世界のエースたち。

「さあ、行くよ! USA!」

と真剣なまなざしで、

「みんなは、もっともっとできるはず。もっとのびのびとプレイしようよ」

と、尊敬する大先輩からの短い一言に、全員の魂が揺さぶられました。

「すみません。私たちに力がないばかりに……」

と、目を潤ませてつぶやいた選手がいました。

「何を言っているの。ずっと一緒に練習してきたじゃない。すでに『チカラ』は十分にある。それを試合で出し切るだけ。もう、私たちに頼らないで今あるものを全部出してみな。結果は必ずついてくるから！」

結局、引退してしばらく経過していた二人の選手たちは、ほんの少しの時間しかコート上には立ちませんでしたが、彼女らが合流し、そして一言かけただけでチームのムードはすっかり変わったのです。

「両隣の仲間の目を見て！　自分たちのプライドはどこへいったの？」

「隣にいるチームメイトが最高のプレイをできるように自分自身の持てる力をすべて出そう。それがベストを尽くすということでしょ。**仲間のために、自分自身ができる最高のプレイをする。**今できる最高のレシーブ、最高のトス、そして最高のスパイクを打つときはみんなでフォローする。さあ、バレーボールするよ！　今、この瞬間の自分と仲間を信じて！」

「USA！」

試合会場の体育館内に彼女らの声が響きました。

自分を信頼し、認めてあげる

このあとはご想像のとおり、選手たちから硬さがとれ、のびのびとしたプレイでバレーボールを楽しみながら連勝していきました。

このときに、初めて選手（仲間）による「ペップトーク」を聴きました。
信頼や尊敬に裏打ちされた人間関係があるときには、「言葉」はシンプルでも心に響きます。

このケースでは、尊敬する大先輩が**「努力してきたプロセス」を認めてくれたこ**と、メンバー一人ひとりの存在とそれぞれの役割の重要性を認めてくれたこと、一人ひとりの人格と成長を認めてくれたことが、全員のヤル気を引き出し、相互の「信頼」関係を生んだと感じました。

そして、この「ヤル気を引き出す短いスピーチ」が私の人生で出合った中でも、かなり印象深いスピーチのひとつとなりました。監督やコーチに限らず、先輩や仲間による「ペップトーク」もあることを知った初めてのエピソードです。

また、2022年サッカーワールドカップで優勝したアルゼンチンのスーパースター、リオネル・メッシがチームメイトにかけるペップトークはまさに圧巻《あっかん》です。

信頼する相手からの励ましの言葉には大きな力がありますが、自分が努力してきたこと、がんばっていることは自分が一番よく知っているはずです。

また、自分がベストを尽くすことは、自分以外の大切な人、チームメイトのためでもあるのです。自分のためだけでなく、「誰かのために」と思うことが、ときに信じられないような力を発揮することもあります。

苦しい状況に置かれたときは、つぶやきの力で、自分を奮い立たせてあげてください。

つぶやきのヒント

「さぁ、いくよ！」

「○○さんのために、ベストを尽くそう」

「～してはいけない」自分にサヨナラ

その人の性格、考え方、そして生き方は、育ってきた環境によって左右されます。育つ環境は、幼少期であれば、基本的に親がつくるものだといえるでしょう。子どもを育てる過程で、親はたくさんのことを子どもに教えます。しかし、たとえ「しつけ」であってもそこに多くの「禁止令」が含まれていると、子どもへの影響が大きく変わってきます。本来、しつけとは、

①会話を通して言語によるコミュニケーションを教える

②健康で安全に、ケガをしないように生きていく術《すべ》を教える
③社会生活を営むうえでのルール、エチケット、マナーを教える
④読み書きやお絵描き、読み聞かせなどを通して感性や創造力を養う

などを通して**「自ら考える力」**や**「善悪を判断する力」を育んでいく**ことです。

しかし実際には、学校のカリキュラムのように系統立てて子育てに取り組んでいる人は極めて少ないと思います。みな実情に応じて、必要なときに必要なことを教えていくのが一般的ではないでしょうか。

特に①の「会話によるコミュニケーション」は子どもの発育段階に合わせて子どもが自ら習得していきますから、教えようとして教えているわけではありません。多くの家庭で中心になっているのは、②の健康や安全に関わることではないでしょうか。

特に母親は母性本能により、「危険から子どもを守る」ことに敏感です。たとえば、ハサミやカッターなどの刃物を子どもが使おうとすると、

「危ないからやめなさい」

と、まずケガをしないように注意します。

「とんでもない。ケガしたらどうするの！」

と、ケガをさせないことを優先させるのです。

しかし父親は、「子どもは多少痛い思いをしながら使い方を覚える」という感覚を持っている場合が多いようです。

このギャップは、男性と女性の異なった思考習慣から生まれます。男性の闘争本能と女性の母性本能の違いが、相容《あいい》れない現実をつくり出すことがあるのです。


もちろん、危ないことをさせないように育てるのは、危険にさらされる可能性を減らすことになりますから悪いことではないのでしょう。

しかし度がすぎると、自分で物事を判断できない「決断力のない子」に育ってしまいます。危ないことは決してしない「よい子」に思えても、それは親にとって育てるのに手がかからない「都合のよい子」でしかありません。

何か注意されても「はい」と言うことを聞く「返事のよい子」は、他人からも「素直なよい子」という評価を受けますが、実は自分で考え、自分で判断する「自立性のある子」に育つ可能性を妨《さまた》げてしまっているのです。

「素直なよい子」の多くは、親から与えられた「禁止令」を覚えていて、叱られないように大人の顔色をうかがいながら器用に生きているか、もしくは「叱られること」におびえて生きている可能性が高くなります。

親や周りの大人が子どもを守るために、あまりにも先手を打って危険から回避する禁止令を連発すると、それを覚える頭のよさは育まれても、なぜやってはいけないのかと考える機会を失います。

「やっていいこと、いけないこと」の判断基準が、「危険だから」ではなく、あくまで「親に叱られるから」になってしまうのです。

自分で考えて善悪を判断する能力を養うことを、親が子を守りたい一心で無意識に阻害《そがい》しているのです。そうやって、親は無意識のうちに、子どもの自立心を奪い、依存してしまう子どもに育ててしまいます。

そして、親から多くの禁止令を受けて育った子の多くが、その親から、

「まだやっていいことと、いけないことの判断もできないの」

と叱られるという、決して笑えないパラドックス（矛盾した結果）が起こります。

このように育った子どもは「怒られるか、怒られないか」で判断するマニュアルに従って生きていますから、他の子に対してもすぐに、

「お母さんに言いつけるよ」

「先生に言いつけるよ」

と言う傾向があります。大人になってからも、

「上司に言うよ」

「警察に言うよ」

が口癖になる危険性があります。

しかしそれは、本人にとってはごく自然な言動にすぎないのです。

本心・本音で生きていける

社会人になってからの上司と部下の関係でも、同じことが起こります。

上司からの禁止令や指示に対して、「はい」と素直に聞く部下は一見使いやすいように見えます。

しかし、それは多くの場合、自らの真の創造性を封印して、「上司に気に入られる＝叱られない」ためにはどうしたらいいかを考えているだけです。

そして、結果としては上司からの指示がなければ自分では何も判断できない「役立たず」に育ってしまう危険性があります。

「上司に歯向かわない、扱いやすいイエスマン」どころか、上司を恐れておびえている「歯向かえない小心者」にしてしまったかもしれません。

大人にしても子どもにしても、指示されたことに対して「はい」と気持ちのいい返事をして行動を起こしてくれる相手は、接していて気持ちのいいものです。

しかし、その裏には自分の主張や自分自身の主体的な考えを持たずに行動を起こしている危険性もあるのです。

逆に上司の指示に、ことごとく自分の意見をぶつけてくるタイプの部下もいることでしょう。

上に立つ者には「生意気」とか「順応性がない」と映っているかもしれませんが、物事を真剣に考えて、自分なりに正しいと思ったことを進言している可能性もあります。

単に逆らっているのではなく、組織のために真剣に考えているのだとしたら、その意見を採用するか否かは別として、きちんと最後まで相手の話を聴かずに、

「生意気なことを言うんじゃない」

「黙って俺の言うことを聴け」

と突き放してしまうことは、相手の思考力を奪う言葉なのです。

親や先生から、どんなしつけや教育を受けてきたでしょうか。

「○○してはいけない」「△△するな」と言われたことが多いなら、それが現在の行動を縛《しば》っているかもしれません。「叱られないこと」「相手に気に入られること」が行動の指針になっていませんか。

子どもの頃から、知らず知らずのうちに受け取ってきた禁止令は、簡単に取り払うことができるものではありませんが、**自分の意志を強く持つことで、少しずつ「自分に正直に」生きられるようになります。**

大切なのは、アサーション（自己主張）ができるようになることです。

つぶやきの力を借りて、「いい子ではない自分」「自分の思うように生きたい自分」を認めてあげてください。

つぶやきのヒント

「さぁ、今日も自分を大切にするぞ」
「100%の自分で楽しもう」

「お〜、いいね」がすごくいい！

「ブレイン・ストーミング」をご存じですか？

これは、研究・企画開発などのクリエイティブな現場で、アイデアに詰まったときやもっと斬新なアイデアがほしいときに、ミーティングで活用される手法です。

ルールはいたって簡単。自由な発想を引き出すため、一つのテーマに対してみんなで自由に意見を述べるだけです。

しかし、一つだけ、守るべきルールがあります。それは、

「他人の意見を絶対に否定しないこと」

です。できれば、

「お〜、いいね」

と相手の意見を受け入れ、次のアイデアが生まれるよう承認していきます。

たったそれだけのことですが、それにより**脳は偏《かたよ》った思考の呪縛《じゅばく》から解放され、突拍子もない発想を生み出す**のです。

これは、日常生活でも同じです。子どもや部下との会話で相手に意見を述べさせたとき、最後まで話を聴き絶対に否定しないということを心がけてみるとどうでしょう。

それだけで相手の思考力を引き出し、その人の才能や思考力を伸ばすことができます。

想像してみてください。ウォシュレットのない時代、部下が上司であるあなたに、

「お尻を洗ってくれる便座があったら売れると思うんですけど」

と新商品開発のアイデアを持ってきました。さて、あなたは否定せずに話を聴けますか？

ウォークマンのない時代に、

「歩きながら音楽が聴けるカセットプレーヤーがあったら、若者に大ヒットすると思うんですけど」

と言われて、バカにせずに話を聴けますか？

ｉＰｈｏｎｅが登場する前に、

「液晶画面にタッチするだけですべての操作ができて、数字ボタンのない携帯電話をつくったら売れると思うんですけど」

というアイデアに、「お～、冴《さ》えてるね」と賛同したり励ましたり、企画をあと押ししたりできますか？

新しい発想とは、それまでの常識を超えています。普段から常識にとらわれない自由な発想をする習慣が必要です。

自由な発想をするためには、思考に歯止めをかけないようにすることが大切なのです。

ブレイン・ストーミングは、一人でも行なうことができます。テーマを決めたら、たとえつまらないと思うことでも、思いつくことをどんどん紙に書き出していきます。出てきた項目にさらに連想でイメージをふくらませていき、最後に、アイデアを整理します。

複数人で行なうときと同じように、**出てきた発想は否定せず、「お～、いいね～」と自分に言いながらやってみましょう。**

「殻を破る」ために必要なのは

私が30余年にわたって力を注いできた日本の女子バレーボールは、その昔「東洋の魔女」と言われたように、体格や運動能力に劣る部分を「技」で解決してきました。

日本人が開発した技は、次々と外国人にまねされたり、ルールで禁止されたりしましたが、それを上回る技を続々と生み出してきました。

これはバレーボールに限ったことではなく、水泳でも体操でもスキーのジャンプ競技でも同様です。

アスレティック・トレーナーの立場からすると、選手が危険なプレイをしてケガをするのを避けさせたいのが本音です。しかし、そこからは勝利のためにリスクに飛び込む勇気や、新しい技を生み出そうとする創造力は生まれません。

リスクに飛び込んでもケガをしない柔軟な身体づくりやウォーミングアップを入念に行なうことで、自信を持ったプレイができるように選手を支えています。

これは、瞬間的に身体が「やってはいけない」という命令を発しないようにすることでもあります。

同じように、奇想天外な発想、逆転の発想には、それまでの常識を非常識にする、反対に非常識を常識にする柔軟性が必要です。

この柔軟な発想力、思考力、想像力は、心の扉を開きます。それが、思考を「禁止令」から解き放つことにつながるのです。

つぶやきのヒント

「お～、いいね！　素晴らしい！」

「私の頭は、たくさんのアイデアが出てくる泉です」

コラム4

知っているだけで元気が出てくる言葉

私がよく口にしている四字熟語を紹介します。

うまくいかないとき、自信をなくしてしまいそうなとき、人とのコミュニケーションがスムーズにいかないときなどに、心を元気にし、一歩前へと進めてくれる言葉です。つぶやくことはもちろん、手帳などに書いて眺めるのもおすすめです。

◎以心伝心（いしんでんしん）

言葉や文章を使わなくても、心が通じることを表わします。自分がポジティブな成功のイメージを持ち、それを相手にも伝えることを心がければ、気持ちが通じ合い、信頼関係が生まれるでしょう。

傍目八目（おかめはちもく）

「岡目八目」とも書きます。囲碁から派生した言葉で、実際に打っている人よりも、傍《はた》から見ている人のほうが戦局を見通すことができるという意味です。思い込みや偏った考えを改めるためには、客観的に考えることが大切です。

試行錯誤（しこうさくご）

新たなことに挑戦するときに、「試み」と「失敗」を繰り返して解決策を見出すことです。何かを成し遂げようとするなら、失敗を責めるのではなく、失敗から学び、前進させることが挑戦への意欲を維持する秘訣です。

改過自新（かいかじしん）

「改過」とは過ちを改めること。心を入れ替えて再出発することを表わしています。失敗すると、「二度と失敗したくない」という防衛反応から、挑戦することが怖くなりがちですが、改善するよう心がけることで前に進めるのです。

◎下学上達（かがくじょうたつ）

「下学」とは、初歩的なことや基本的なことを学ぶこと。できるはずだと思っていたことができなかったり、うっかりミスをしたりすると自信をなくしてしまいますが、基本に返って学び直すことが自信を取り戻す近道です。

◎和顔愛語（わげんあいご・わがんあいご）

「和顔」は優しい表情、「愛語」は思いやりのこもった言葉のことです。相手にも自分にも否定的な言葉、きつい表現の言葉を使うのではなく、優しい表現で声をかけるようにしましょう。

◎温故知新（おんこちしん）

「故《ふる》きを温《たず》ねて新しきを知る」と訓読します。古い物や先人の知恵を否定するのではなく、そこから学ぶことで新たな発見があります。相手の意見を否定するのではなく、聞き入れることが大切です。

◎採長補短（さいちょうほたん）

「長《ちょう》を採《と》り短《たん》を補《おぎな》う」と訓読します。物事の優れたところを取り入れて、足りないところを補うことを表わしています。短所を補うために、プライドを傷つけるより、長所を褒めて伸ばし、ヤル気を出させることが重要です。

◎開心見誠（かいしんけんせい）

「心を開いて誠《まこと》を見《あら》わす」と訓読します。わだかまりをなくし、心を開いて誠意をもって相手と接すること。自分にも相手にも、先入観を持つのではなく、心に素直になって向き合うことが大切です。

◎虚心坦懐（きょしんたんかい）

「虚心」は先入観を持たないこと、「坦懐」は爽やかな心境、静かな心を表わします。先入観や損得勘定で物事を判断するのではなく、素直に、ありのままを受け入れることの大切さを説いています。

5章

「つぶやき」の力はどんどん広がっていく

褒めているつもりなのになぜ伝わらない？

34ページで、「人からの褒め言葉」は最高のつぶやき言葉になるとお話ししました。お伝えしたように、褒め言葉がきちんと相手に伝わらない理由には、受け取る側が必要以上に謙虚になってしまい、否定したり、はぐらかしたりしてしまうという点があります。

一方で、褒める側にも、気持ちがまっすぐに伝わるためにできることがあります。

その方法の一つが「アイ・メッセージ（I Message）」です。

たとえば、スポーツで相手のプレイを褒めるときに、「今のプレイ、最高によか

ったね！」ではなく、

「（私は）今のプレイ、最高にカッコいいと思った（感じた）！」

と、「私は〜と思った」いう表現に変えてみるのです。そうすると、不思議なことに、謙虚さが特徴の日本人でも「ありがとう」が素直に言えます。中には、

「いや、僕も自分でナイスなプレイができたと思いました」

「日頃の練習の成果が出ましたね」

と、驕《おご》りではなく素直な感想も引き出せます。

「私は」「思った（感じた）」という言葉をつけ加え、自分が感じたこととして褒め言葉を伝えると、その言葉はあくまで言っている本人の感じたこととして伝わります。すると、言われた相手には「自分はどう感じてもいい」という自由が与えられるため、その言葉が押しつけではなくなります。

そのため、褒め言葉を受け取るときの心理的負担が軽いばかりでなく、褒められたことの心地よさがより素直に伝わるのです。

このように「私は」という主語を明確にして語ることを「アイ・メッセージ」と呼びます。

一方、「今のプレイ、最高によかったね！」という表現は厳密にいうと『君の』今のプレイ、最高によかったね！」ということになりますから、これを「ユー・メッセージ（You Message）」と呼んでいます。

口から発した言葉は、耳からまた入ってくる

アイ・メッセージで褒められると、褒められた側は喜びに満たされ、素直に受け取り、感じたことを自ら言葉にして口にするため、それがアファメーション（肯定的な言葉を口に出し、理想を現実に変えていこうとするもの）の効果ももたらします。

プラスのイメージを持ち肯定的な言葉を発していると、それが潜在意識に刷り込まれて成功のイメージが具現化されるという真理があります。

コーチングでも「オートクライン（生物用語で、分泌《ぶんぴつ》された物質が、分泌した細胞自身に作用すること）」という言葉でその効果が語られていますが、自分で発した言葉は相手の耳に届くだけでなく、自分の耳からも入ってきて脳に届きます。

つまり自分で考えて発した言葉は、いったん体外に出るものの、もう一度耳から入って脳に伝わるというフィードバック現象を起こします。これが自分自身の発した言葉の再確認になるのですが、その言葉がポジティブであればポジティブなイメージの再確認、ネガティブであればネガティブなイメージの再確認となって、顕在意識から潜在意識に刷り込まれます。

褒め言葉を発した自分自身にもいい効果が返ってくるのです。

励ましのヒント

「あなたの〇〇、私は好きだなぁ」

「チームのみんなが助かっているよ。ありがとう」

「相手が成功するイメージ」を持っているか

ビジネスでもスポーツでも、仲間との信頼関係は、多くの場合、苦楽をともにすることで生まれ、そして強くなっていきます。

苦しい試練に耐えたからこそ、目標を達成したときの喜びも大きく、またその経験があるからこそ、次にチャレンジする勇気が生まれ、プラスのスパイラルが生まれていくのです。

自分ががんばってきたことを上司やリーダーが認めて、評価してくれているのを感じられるからこそ、つらいことを乗り越えるモチベーションを維持することができます。乗り越えたときに喜びを分かち合える「共感」があってこそ、信頼は深まるのです。

信頼は「苦楽の共感」から生まれると言っても過言ではありません。

お互いに受け入れることの重要性

特に、相手がミスをしたときには、以下のようなアプローチを通して信頼関係をより強くするチャンスです。

- **そのミスを二度と起こさないようにする**
- **ミスをしたことが次の行動の意欲減退にならないよう歯止めをかける**
- **ミスをしたことで落ち込んでいる相手の心の負担を軽くする**

ミスを「許す」のではなく、ミスを「機会」ととらえることで、組織にとっても、相手にとってもミスを「成長の糧」にすることができ、あなたへの信頼となって返ってきます。

ミスが発生したときに、自分の立場ではなく、相手の立場で考えると、相手からの共感が得られます。

そこで得られたヒントによって、問題が解決したり、自身が成長できたりしたときに、相手はあなたに対する「信頼」を強くし、その積み重ねはやがて「尊敬」という感情に変わっていくのです。

相手を励ましたい、ヤル気を引き出したいと思っているときに、誰もその相手に失敗してほしいとは思ってもいないはずです。

まずはあなたの頭の中にある相手が失敗しているイメージを払拭《ふっしょく》して、成功しているイメージに描き変え、それを言語化する習慣をつけましょう。

「ミスするな！」ではなく、

「絶対うまくいく！」

「コンペに負けたら承知しないぞ」ではなく、

「今日のコンペも、ベストを尽くそう！」

という表現のほうが、言葉を発する側も受け取る側も、爽やかに前向きになれると思いませんか？

励ましのヒント

「すごくがんばってきたのを知っているよ」

「自信を持ってやろう」

「今やろうと思ったのに」と思われない言い方

子どものとき、こんな体験はありませんでしたか？

学校から帰ってきて手を洗おうとしたときや、もしくは手を洗っている最中、

「帰ってきたら、まず手を洗ってうがいをするのよ。そうしないとオヤツあげないからね」

と母親から声をかけられる。そしてこんなことを思いませんでしたか？

「そんなこと、言われなくてもちゃんとやってる」

「今やろうとしたのに言うんだもんなぁ」

他にも、

「挨拶《あいさつ》はきちんとするのよ」

「ありがとうってちゃんと言えてる？」

といった言葉。親が見ていないところでもきちんと行なっている日常の習慣やエチケットを、できていないのではと疑いを持たれているような発言に、実践できているときほど、

「そんなこと、言われなくてもちゃんとやってる！」

と叫びたくなったのではないでしょうか。

やるつもりでいたことを指摘されると、言った相手へ悪い感情を持ってしまうことがあるのです。

誰でも子ども扱いされるとヤル気が萎える

これは子どもに限ったことではありません。

「お客様にお礼状は出したのか？」

「明日のクライアント訪問の準備はできているのか？」

今まさにやっていること、言われなくてもきちんとやっていることを「疑問形」で確認されると、うっかり忘れているときは気づかせてくれたことに感謝できても、きちんとやっているときほど「子ども扱い」されているように感じて、

「そんなこと言われなくてもわかっている」

と反感を持ってしまうものです。


確認をとったほうとしては好意であっても、相手の反応は状況によって「よくも」「悪くも」変わってしまいます。

ちょっとした言葉使いや気くばりの有無が、相手の心理状況に「よい方向」にも「悪い方向」にも大きく作用し、「ヤル気をなくす」か「ヤル気を起こす」か、という正反対の結果に導いてしまいます。

相手に注意を促し、業務の進捗《しんちょく》状況を確認しただけのつもりが、相手は「自分が

「プラス」に受け止められるつぶやきを

信用されていないという不安感」や「発言者への嫌悪感」を持つことさえあるのです。

相手が行動を起こしているか、いないかがわからないときには、

「手洗い、うがいは終わったわよね」

「お客様への御礼状はもう出したよね」

と「作業は完了しているはず」という確認の言葉を投げかけます。

まだ終えていなければ気づかせてくれた感謝になり、すでに終わっていれば得意気に、

「もう終わってます」

と快い返事が返ってきます。

「まだやっていないはず」という意味を含んだ、

「○○したのか？」

という質問ではなく、相手を信頼して、

「○○はしたんだよね」

と「もう終わっているはず」という意味を言葉に込めて聞くことで、相手は不満を持つことなく状況を答えてくれるはずです。

励ましのヒント
「○○の件はうまくいった？」
「順調に進んでいるかい？」

本当に必要な「サポート」とは

上司からアイデアを求められたとき、企画会議で自分のアイデアを述べたとき、

「もっとマシなアイデアはないのか」

と言われたらあなたはどう感じるでしょうか？

これはまさに言われた人の思考を硬直させてしまう言葉です。

仮にこの発言を受けて「今に見ていろ！」と反骨精神の強い人が負けまいとがんばっても、相手に対する怒りで頭がいっぱいの状態ではいい発想は生まれません。

逆に気弱な性格の場合は、情けない自分を卑下《ひげ》して「できない自分」というマイ

ナスのスパイラルに追い込まれてしまいます。

自分の部下や同僚にアイデアを出してもらいたいときは、たとえ出てきたものがすぐれたアイデアではなくても、否定するのではなく、相手の現在地を確認しながら前に進めることが大切です。

もしアイデアを出した本人が、

「これしかない」

「これ以上のアイデアなんてあるわけない」

とこだわっているなら、その「思い込み」から相手を解き放ってあげることも重要です。

アイデアに行き詰まっているのなら、見る方向、見る範囲、見る立場を変えるように誘導するのです。

気分を変えるために場所を変える、時間を変えるといったことが功を奏する場合もあるでしょう。

「どのように」「何を」で問いかける

アインシュタイン博士は、驚異的な論理脳の持ち主のように思われがちですが、
「論理を突き詰めて、その先にアイデアが出ることはない。アイデアを証明するために論理脳を働かせるのだ」
と語ったそうです。あのアインシュタイン博士でも、ヒラメキを大切にしていたということです。

新しいアイデアを生み出すにしても、既存の問題を解決するにしても、脳を働かせて思考するためには、物事をいろいろな角度から見たり、組み合わせを変えたりという試行錯誤が必要です。

また、「温故知新」という言葉が示すとおり、新しいアイデアは、古い物や古い知識、先人の教えや経験から生まれてくることも多々あります。

アイデアの発想法に、ひとつのことを突き詰める「垂直思考」と、幅広く物事をとらえる「水平思考」という脳の使い方がありますが、ゲームボーイを開発した横井軍平氏の理念は「枯れた技術の水平思考」なのだそうです。

これは、使い古されてデメリットが明らかな技術を利用することが、開発コストをかけず確実に成功に導くという、まさに「温故知新」の発想です。

次々と世界的なヒット商品を生み出した横井氏の発想が「温故知新」であることは意外かもしれませんが、

「できない理由は何か」

「どうしたらできるようになるだろうか」

「もっと他に使えるものはないのか」

「これを他の用途に使うことはできないのか」

という「WHAT（何を）」「HOW（どのように）」での問いかけが、新しいアイデアを生むのです。

小学生の軟式野球の試合を見学していたときに、微笑ましい光景に出合いました。

試合中に相手チームのバッターが放った外野フライに追いついていながら捕れなかった二人の子どもと監督の会話です。


「今日の試合でライトとセンターの間に上がったフライ、二人とも捕れなかったよね？　二人とも追いついていたのに、どうして捕れなかったと思う？」

「ライトの○○君が捕ると思ったから」

「僕もセンターの××君が捕ると思った」

「そうだね。二人ともそう思って譲りあったんだよね。そういうのをお見合いっていうんだ。お見合いをなくすにはどうしたらいいと思う？」

「う〜ん。先にオーライって言ったほうにまかせるとか……」

「そうか、だからコーチはいつも、フライを捕るときにオーライって声を出せって言ってるんだ！」

「そうか、僕も今やっと、コーチがオーライって声を出せって言っている意味がわかった！」

「そうか。じゃあグラウンドに帰ったら、声を出してフライを捕る練習のおさらいをやってみようか」

このコーチは、コーチングの手法で会話をしています。通常、教育現場で用いられるティーチング（教えること）に、このコーチング（自ら答えを導き出せるようサポートすること）をプラスすると、子どもの理解力を深めることができます。

たとえば、

「声をかけないから捕れないんだ」

「フライが上がったらオーライって声をかけろって、いつも言っているだろう！」

と頭ごなしに叱ってしまうと、考えてプレイする習慣は身につきません。コーチの指導を鵜呑《うの》みにして「覚える」ことはできても、「理解」することはできません。ティーチングとは教えて覚えさせることですから、知らないことを教えるときには効果的です。ルールやマナーはきちんと教えましょう。さらに、コーチングによって自ら考えさせることで理解を深める機会を与えることも重要なのです。

大人でも子どもでも原理原則は同じです。言われたことを「覚える」ことと「理解すること」は違います。「理解する」からこそ「考えて」自分で結論を出し「自ら行動する」ことができるのです。

「何でできないんだ？」「どうしてやらないんだ？」

といった「ＷＨＹ（なぜ）」での否定的な問いかけは、相手の思考を硬直させてしまいます。

「できない原因」に目を向けるのではなく、「できなかった自分」に対する屈辱に目がいってしまうからです。「二度とミスをしないようにしよう」という反省の前に「もうやりたくない」という気持ちになったり、ミスをしたこと、叱られたことがトラウマになって嫌悪感を生んだりします。

しかし同じ内容の質問を、

「どうやったらできるようになるかな？」

と「HOW」での問いかけに変えるだけで、相手は「できなかった原因」に目を向けることができます。

「できなかった自分」ではなく「できなかった原因」に目が向くと、自分自身を客観的に見つめ直すこともでき、「理由を考える」ことができます。

すると、「失敗から学ぶ」「成功するためにはどうするか」という思考習慣が生まれ、失敗から逃げるのではなく、成功をイメージして挑戦する意欲にもつながっていきます。

相手の積極的な思考と行動を促すためには、「どうやったらできるだろう」とポジティブな課題解決の言葉をかけることが重要なのです。

励ましのヒント

「思いついたことがあったら何でも言って」
「どうやったらできると思う？」

もっと意見を出してもらうためにできること

ビジネスの現場に限らず、スポーツの現場や、PTA活動、プライベートなサークル活動などでも、アイデアや意見を出し合う機会は多いと思います。

そのようなとき、必ずと言っていいほど、発言意欲を奪ってしまう人がいます。

多くの場合は上司やそのミーティングの進行役ですが、中には自分の意見を通したいわがままな人や、単に他の人の意見を否定して目立ちたい、自分が優秀であることをアピールしたいだけのやっかいな人もいます。

ここでは、発言意欲を奪ってしまう人の４つのタイプをご紹介します。話し合いをするときは、自分がこのような言動をとっていないか注意してみてください。知らず知らずの言動で、誰かの発言機会を奪ったり、せっかくのアイデアをなかったことにしたりしてしまっているかもしれません。

また、自分以外の人がこのような言動をとっているときは、感情的にならず、冷静な対応を心がけることが必要です。

①話を最後まで聴かない（話の腰を折る）タイプ

このタイプは、発言者が結論にいたる前に話の腰を折ってしまい、自分の意見を述べ始めます。

多くの場合、発言者の結論を予測しての反論であり、その予測が当たっている場合は合理的な結果になることもあります。しかし、発言者の話は結論を導き出す過程でのたとえにすぎなく、結論がまったく違うものだった場合には、発言者は気分を損《そこ》ねてしまいます。

周囲の人が発言者の話の腰を折ったことを諫《いさ》めれば救われますが、そういった助け船がない場合、発言者は二度とこの人の前で自分の意見を述べようとは思わなくなるでしょう。

このように、話の腰を折る行為は、ミーティング参加者の「発言意欲」を奪う行為になるのです。

②話を片っ端から否定するタイプ

ディベート好き、ディベートが得意という人や自分の存在をアピールしたい自己顕示欲《けんじよく》の強い人に多いのですが、「上司の威厳」を勘違いしていて、自分の意見を押し通すために他の人の発言をすべて否定してしまうタイプです。

何を言っても反論されてしまっては、相手は、

「だったら意見なんか求めなければいいだろう?」

と不信感を募《つの》らせ、以降、意見を求められても何も発言しなくなってしまいます。

③アイデア泥棒タイプ

このタイプは人の話をよく聴きます。

「何かアイデアはないですか？」

と低姿勢で接し、人の話を最後まで聴きます。几帳面《きちょうめん》にメモをとったり、わからないことを質問したりと、さらに相手がしゃべりやすくなるように上手に発言を誘導してくれます。

これは、話す側も話しやすく、話しながらさらにアイデアが膨《ふく》らんだり、意見交換をすることで新たなアイデアがひらめいたりすることもあります。

この時点では、話す側は「発言意欲」が旺盛になるのですが、問題はその後の対応にあります。このタイプの人が、さらにその上のポストの人から意見を求められたときに、

「それでしたら、私の部下の○○君が、このような素晴らしいアイデアを持っています」

と部下を立てるのではなく、さも自分のアイデアのように報告するアイデア泥棒なのです。

このタイプはアイデアだけではなく、常日頃から他の人の手柄も自分の手柄にしてしまいます。そのため、「信頼」「行動意欲」もなくしてしまうのです。

④ご注進タイプ

「組織改善のアイデアはないか」「プロジェクトの進行に関して、自分のポストや待遇に不満はないか」と、相談に乗るような姿勢で意見を求め、相手が信頼して本音を語ると、そこから否定的な部分だけを集約して人事権のある人物などにご注進《ちゅうしん》します。

このタイプも、アイデア泥棒タイプと同様です。最初、相手は心を開いて忌憚《きたん》のない意見を述べますが、事実がわかってしまえば「発言意欲」どころか口を開くことさえしなくなるに違いありません。

話し合いをうまく進行するには

自分が話し合いの進行をするときは、語り手と聞き手がどういう状態なのかをメタ認知（俯瞰《ふかん》してみること）できるとうまくいくでしょう。聞き手の感情、語り手の感情どちらかの主張に耳を傾けすぎてしまうと、全体がわからなくなります。

語り手が何を言いたかったのか、聞き手が何を学ぶべきで、それに対してどう反応したのか。できるだけ見渡せるように気をくばります。

励ましのヒント

「的《まと》を射《い》た素晴らしい意見だと思います」

「この件に関して、〇〇さんの意見を伺いたいです」

怒りが爆発しそうなときに

叱るのが上手ではない上司や指導者は、相手がミスをしたときによく、「何で、あんなつまらないミスをしたんだ！」

と怒鳴ります。これは過去にフォーカスした質問です。このフレーズで怒鳴られたときに、言われた側と言った側の関係や、それぞれの個性がよくわかります。

ここでは、厳しく叱られたときにどんなふうに感じ、どんな態度をとるかを三つのタイプに分けてご紹介します。スポーツの現場では「監督と選手」、ビジネスの現場では「上司と部下」、子育ての現場では「親と子ども」、教育の現場では「先生と生徒」にそっくりそのまま当てはまると思います。

①気が弱く、逆らえない真面目な人

このタイプは、

「何で、あんなつまらないミスをしたんだ！」

と怒鳴られると、その瞬間に思考がフリーズします。頭の中が真っ白になり、何も考えられなくなります。するとさらなる一言が飛びます。

「何で黙ってるんだ！　ミスの理由を言えと言ってるんだ！」

怒られている側はなぜミスをしたのか一生懸命考えようとするのですが、思考が止まっているので、あせればあせるほど何も考えられない負のスパイラルに入ります。

問いかけた側も、「ミスした理由を答えられない相手の思考能力」に疑問を、「答えようとしない姿勢」に反感を持ち、それがさらなる怒りに変わって、「相手にダメなやつという烙印《らくいん》を押す」「こいつには言ってもダメだとあきらめる」「体罰を与

える」といった行為に出てしまいます。

このように怒られた人は、次の機会にも同じような状況に陥り、やがて「発言」できないばかりか、前向きに取り組む姿勢も減退、つまり「ヤル気」を失ってしまいます。

②気が強く、論理的だが無責任な人

「何で、あんなつまらないミスをしたんだ！」

と怒鳴られても、気が強いため「今のは私のせいではありません」と相手の意見を突っぱねるタイプです。その反論する態度に、

「何だその態度は！」「何だその言い草は！」

と怒鳴ると、怒られた側はさらに「私のミスじゃないのに、私のせいにするからです」と言い返します。

怒るほうもどんどんエスカレートして、相手の一言一言へ怒りを返していきますが、多くの場合、このタイプはとても論理的であるため、言葉でのやりとりでは怒

る側よりも有利になっていきます。

またこのタイプは、たとえ自分のミスであっても他人のせいにして責任転嫁する論理力を持っていることがあります。

怒る側がヒートアップしても、このタイプは賢く、「この人に何を言ってもムダ」「反論すると自分が損」と気づき、怒っている相手に対する発言意欲をなくします。

③論理的で責任感のあるタイプ

このタイプは自分のミスを自覚しているうえに、ミスに対する自己分析をきちんとして、その後の対処もできるので、

「何で、あんなつまらないミスをしたんだ！」

と怒鳴られると、

「今のミスは、自分の判断ミスで、○○という予測のもとに△△をしようと思ったのですが予想外の事態だったので反応が遅れました。次からは□□します」

と冷静に言うことができます。

「そうか、わかっているならそれでいい」

と、怒っている側が素直に認められるなら問題ありません。しかし、自分が指摘しようと思ったのに先を越されてしまうと人はなかなか素直になることができないものです。

そのため、ミスを犯したのに冷静かつ論理的に答える態度がまるで反省していないかのようにとらえられてしまうことも多く、怒っている側は、

「ミスをしたのに、何だその態度は！」

と怒鳴ります。怒られた側は「何でミスをしたのかと問われたので、ミスの原因を述べました」とまた冷静に返すため、ますますその冷静さに対して、

「おまえは自分のミスを反省していないのか！」

となり、怒られた側は「いいえ、私は自分のミスもその原因も認めているから、きちんとお話ししているのです」となります。

怒っているほうは口を開けば開くほど、自分で自分を追い詰めることになります

が、相手も賢いので、追い詰めたところで自分にとっては何のメリットもないことに気づきます。

そしてそのあと、この人から同じように怒鳴られたときには、「はい、すみません」と答えるだけで、自分の意見を言わないほうが無難であることを学び、発言意欲をなくすのです。

感情をぶつけてもいいことは何もない

三つの例をあげましたが、怒られている側と怒っている側の反応はそれぞれの思考や性格の違いとその組み合わせで、もっとさまざまなパターンがあるでしょう。

しかし、ここで大事なことは、その組み合わせや性格の分類ではなく、このように相手に怒鳴りながら質問をしても、双方に何のメリットもないということです。

特に三つ目の事例でおわかりのとおり、自分がカッとなっていて相手が冷静なときは、多くの場合、自ら墓穴を掘ることになります。

つまり、怒鳴りながら質問することは、

・怒っているほうは、自分で自分を追い詰めることになる（立場を悪くする）
・相手に不快感を与え、相手からの信頼や信用をなくす
・相手は怒鳴った人に対する発言意欲をなくす

という、双方にとってデメリットだらけの言葉になってしまうのです。

相手の話をきちんと聴くことは信頼関係の構築にも直結します。

きちんと聴く姿勢を相手に示すと、相手の心を開くことができますから、その姿勢を相手に理解してもらうためにも、穏《おだ》やかな言葉で質問を投げかけてみましょう。

59ページで、当たり前のことも成功体験として考えてほしいというお話をしました。これは、他人に対しても同じです。たとえば、会社の後輩が、自分に挨拶をし

てこなかったとき、「何だアイツは。社会人になって挨拶もちゃんとできないのか」と怒りが湧いてくるかもしれません。でも、挨拶をしてくれたときに「よく挨拶してくれた！」とうれしく思い、してくれないことを何とも思わない、つまり当たり前だと思うようにしていたらどうでしょう。

怒る回数が劇的に減って、毎日ご機嫌で過ごせるのではないでしょうか。

誰かに対する怒りが湧いてきたときは、それを感情的に伝えるのではなく、まず、自分が冷静になるよう心がけることが大切です。

「怒らずに、気持ちを伝えよう」

「私の心は平和です」

そんな言葉を自分につぶやくと、気持ちが落ち着いてきます。

励ましのヒント

「今日の君のミスについて話し合おう」

「同じミスをしない方法を考えよう」

他人と比較されると誰だってイヤになる

部下や子どもを叱るとき、その叱り方は、大きく二つのタイプに分けられます。

①自分の怒り（感情）を相手にぶつけるタイプ
②相手の成長を願って、相手に改善の気づきと機会を与えようとするタイプ

①のタイプは相手の失敗に対して、
「私の顔に泥をぬった」「私の立場がなくなった」「私に恥をかかせた」

といった言葉で相手をののしります。

「相手をどう育てよう」

「次からミスをなくすためにはどうしたらいいのか」

という考えはまったくありません。

「怒り」をぶつけられた相手はヤル気をなくすだけではなく、発言者に対する信頼感までなくしてしまいます。

その言葉が裏目に出ていませんか

②のタイプは、相手のことを思って叱っているのですが、その際、注意したいことがあります。
相手のプライドを上手に刺激してヤル気を引き出すため、「君はもっとできるんだ」と伝えることは効果的です。しかし、

「私が君くらいのときには、このくらいのことはできた」

「君と同期の○○君は、このくらいのことは簡単にできる」

「君より経験の浅い△△君だって、このくらいのことはやれる」

「この程度のことは、新入社員にだってできる」

と、比較対象を設定して比べてはいないでしょうか。他人と比較することを「水平比較」といいます。これは相手のプライドを刺激するどころか、傷つけることになりかねません。反骨精神を持つ相手であれば、

「あんな奴と比べられ、できないと判断されてくやしい」

と、ヤル気に火が着く可能性もあるかもしれませんが、多くの場合は、

「何であの人と比べるんだ？　自分はやはり劣っているんだ……」

と自信をなくし、発言者への信頼もなくしてしまいます。

他人と比べるよりも自分自身が昨日より今日、今日より明日、よりよくなっているかどうかを比べる「垂直比較」をすることが大切です。

人は24時間でさまざまな経験をしているわけですから、昨日の自分には戻れません。つまり、絶対に成長しているのです。

よかれと思って言ったことが、相手の気分を害してしまう、相手の神経を逆なでしてしまうのは、**「相手のためを思って」と感じていながら、実は相手の立場には立っていないから**です。

相手のためを思うのなら、一度相手の立場で考えてみることが重要です。

「もしも自分がその立場だったら、何を感じているのか」
「もしも自分がその立場だったら、どんな指導をしてほしいのか」
「もしも自分がその立場だったら、何を言われれば行動を起こす勇気につながるのか」

と考えることができたら、相手の心に響くコミュニケーションができるはずです。

励ましのヒント

「昨日より確実によくなっている」
「昨日までできなかったことが今日はできた」

なんだかうまくコミュニケーションがとれない相手に

うまくいかないときは、物事を見る「視点」や「視野」、「視座」を変えてみることが大切だと114ページでお話ししました。

人とのコミュニケーションにおいても、この考え方が役に立ちます。

相手とわかり合い共感し合うためには、一つの事実に対する解釈を同じにする必要があるからです。

「木を見て森を見ず」というたとえがありますが、「木を見ている人」と「森を見ている人」では観点が異なります。

「木を見ている人」は「視点」が「木」に絞られており、1本の「木」を詳細に観察することには向いていますが、森の全体像をとらえることはできません。

「森を見ている人」は「視野」が広く、1本の木ではなく「森」全体を見ているので全貌《ぜんぼう》を把握することはできます。しかし、1本の木がどのようになっているのかには目が行き届きません。

「視点」は「アリの目」、「視野」は「鳥の目」とたとえられるように、目の前にある物しか見えない「近視眼」的な見方と、高くから俯瞰的に物を見る「遠視眼」的な見方の違いです。

また「視座」とは「どこから見るか」ですが、コミュニケーションでは「立場の違い」と理解するとわかりやすいでしょう。同じ「森」を見たときに、近隣の住民にとっては「迷い込むと危険な場所」であっても、林業を営む人にとっては、「生活を支える大切な場所」となるように、立場によって価値観が異なるのです。

たとえば、スポーツの現場における選手起用に対して、選手と監督の間にはいろいろな物の見方の違いがあります。

選手は、

「今日は絶好調だから、ぜひとも自分をスタメンで起用してほしい」

と思っていたとしても、監督は、

「今日の対戦チームとの相性を考慮すると、他の選手のほうがいい」

と考えるかもしれませんし、

「今日の1試合ではなくシーズンを通して考えると、今日は休ませたほうがいい」

と長期的視野に立って判断するかもしれません。また、

「選手として気力も体力も充実していることはよくわかる。でも、将来、指導者としてチームをまとめていくためにはベンチで見るという勉強も必要」

といった考えもあるでしょう。

これらは「何を見るか＝視点」「どこを見るか＝視野」「どこから見るか＝視座」

の違いであり、双方の「視点」「視野」「視座」が一致していないとお互いの意思を通じ合わせることはできません。

相手を思い「どんな言葉を選ぶか」

相手のヤル気を引き出すことも、相手との信頼のうえに成り立っているコミュニケーションであることは間違いありません。

ましてや、「言葉」の力で「心を動かす」のですから、相手のヤル気を引き出すことは「コミュニケーション能力の最高峰のスキル」と言えるかもしれません。

相手のヤル気を引き出すためには、当然のことながら相手と自分の「視点」「視野」「視座」を一致させることがスタートラインです。

17ページでお話ししたように、「人を励ますのが上手な人」は、

「相手が今、どういう心境にあるのか？」
「どういう言葉をかけてほしいと思っているのか？」

を常に考えています。相手の立場に立って、相手の心、相手の考えをベースに「どう言葉を選ぶか」を重視することは、まさに相手の「視点」「視野」「視座」に立って考えることなのです。

そのために、相手の話をよく聞くことを心がけましょう。「傾聴力《けいちょうりょく》」とも言われますが、相手の立場に立って話を聞くことが大切です。

ローマ帝国時代の政治家で哲学者のキケロは、「説得の達人」と言われていました。キケロは、「相手を説得するには、相手の正しさを知ること」と述べています。「正しさ」は、人によって違うものです。そこにはその人の価値観や常識が表われており、それを知るためには相手の話をよく聴くことが第一なのです。

励ましのヒント

「（その気持ち）すごくよくわかるよ」

「別の視点で考えてみようか」

おわりに――シンプルな言葉ほど力になる

最後の項目でお話ししたキケロは、こんな言葉も残しています。

「相手が一番言われたい言葉は、相手の中にある」

と。これはつまり、「自分が一番言われたい言葉は、自分の中にある」ということでもあります。

自分が言われたい言葉は、自分が一番よく知っています。

うまくいかないときに、追い打ちをかけるように言葉で自分を責めてしまう人がいますが、本当に自分が言われたい言葉は、どんな言葉でしょうか？

「自分ならできる」「あせらずやろう」「ベストを尽くそう」……。

そんなシンプルで前向きな「つぶやき」で、気持ちは180度変わります。

私のセミナーや講演会に参加される方の中には、「そうはいっても、なかなかできません」と言われる方が大勢いらっしゃいます。

その通り。自分で「なかなかできない」と言葉にしてしまっているのですから、いつまでたってもそうなりません。

本書を読んで、「やってみよう」「できそうだ」と感じた方は、成功イメージを持たれたということ。「つぶやき」の力を実感していただけるでしょう。

ポジティブな言葉で日本を明るくしたい。

その思いが、私がペップトークを皆さんにおすすめする原動力です。

この本が、あなたの中にあるお気に入りの「つぶやき」を見つけるヒントになり、自分へ、そしてまわりの方々への「言葉の贈り物」としてお役立ていただけたら幸いです。

岩﨑由純

本書は、中央経済社より刊行された『やる気をなくす悪魔の言葉VSやる気を起こす魔法の言葉』を、文庫収録にあたり加筆・改筆・再編集のうえ、改題したものです。

心《こころ》の中《なか》の「つぶやき」で人生《じんせい》が決《き》まる

著者　岩﨑由純（いわさき・よしずみ）
発行者　押鐘太陽
発行所　株式会社三笠書房
〒102-0072 東京都千代田区飯田橋3-3-1
電話　03-5226-5734（営業部）03-5226-5731（編集部）
https://www.mikasashobo.co.jp
印刷　誠宏印刷
製本　ナショナル製本

ISBN978-4-8379-3048-8 C0130

王様文庫

王様文庫

いちいち気にしない心が手に入る本

内藤誼人

対人心理学のスペシャリストが教える「何があっても受け流せる」心理学。◎「マイナスの感情」をはびこらせない　◎〝胸を張る〟だけで、こんなに変わる　◎「自分だって捨てたもんじゃない」と思うコツ……etc.「心を変える」方法をマスターできる本！

気くばりがうまい人のものの言い方

山﨑武也

「ちょっとした言葉の違い」を人は敏感に感じとる。だから……　◎自分のことは「過小評価」、相手のことは「過大評価」　◎「ためになる話」に「ほっとする話」をブレンドする　◎「なるほど」と「さすが」の大きな役割　◎「ノーコメント」でさえ心の中がわかる

面白すぎて時間を忘れる雑草のふしぎ

稲垣栄洋

みちくさ研究家の大学教授が教える雑草たちのしたたか&ユーモラスな暮らしぶり。どんな雑草もボ〜ッと生えてるわけじゃない！　◎「刈られるほど元気」になる奇妙な進化　◎「上に伸びる」だけが能じゃない　◎甘い蜜、きれいな花には「裏」がある…足元に広がる「知的なたくらみ」

K30623